Gesundheit

und Frieden!

Franz Kinabichler

7. 6. 82.

Franz Krabichler, Erlebe dich selbst durch Yoga

FRANZ KRABICHLER

ERLEBE DICH SELBST DURCH YOGA

DREI EICHEN VERLAG
ENGELBERG/SCHWEIZ + MÜNCHEN

ISBN 3-7699-0342-0
Verlagsnummer 342

Umschlagentwurf: Josef Fink
Textzeichnungen: Felicitas Leitner
2. Auflage, 11.–15. Tausend
Gesamtherstellung: Isar-Post, Landshut

INHALT

Finden sich Menschen, die sich gegen
den Geist der Gedankenlosigkeit auflehnen
und als Persönlichkeiten lauter und tief
genug sind, daß die Ideale ethischen Fortschritts
als Kraft von ihnen ausgehen können,
so hebt ein Wirken des Geistes an,
das vermögend ist, eine neue Gesinnung
in der Menschheit hervorzubringen.

Albert Schweitzer

In manchem guten Weisheitsspruch
Schläft oft im Keim ein ganzes Buch.
Wie schlummernd liegt und wie im Traum
Im Samenkorn ein mächt'ger Baum.

(Alter Spruch)

WARUM DIESES YOGA-BUCH?

Yoga erfaßt das Abendland.
„Man betreibt Yoga ..." als Suche nach dem SELBST, nach SELBSTERKENNTNIS, nach SELBSTVERWIRKLICHUNG, aber auch aus Gesundheitsgründen, um sportliche oder sonstige Höchstleistungen zu erzielen, als Therapie, wo Medikamente versagen, als „Religions-Ersatz", weil Yoga modern geworden ist, um außergewöhnliche Fähigkeiten zu erlangen, und noch aus vielerlei anderen Gründen. Eine immer größere Flut von Yoga-Büchern und -Lehrern bietet sich an. Immer häufiger melden sich warnende Stimmen: Es gäbe viel Scharlatanerie, Übertreibung, gesundheitliche Schädigung, Fakirtum, Hypnose, Hysterie, „geistiges Spinnertum" und sonstige Entartungserscheinungen im Namen des Yoga.

**„Wär nicht das Auge sonnenhaft, die Sonne könnt es nie erblicken;
läg nicht in uns des Gottes eigne Kraft, wie könnt uns Göttliches entzücken?"**

(Johann Wolfgang von Goethe)

Ich komme in diesem Buch vielseitigen Wünschen nach, nunmehr auch in schriftlicher Form Antwort zu geben auf Fragen, die während Kursen und Vortragsreisen an mich gestellt werden. Dabei verweise ich gerne auch auf wertvolle Bücher, die mithelfen können, Fragen in viel umfassenderer Weise zu klären, als das im Rahmen dieses Buches möglich ist. (Siehe „Empfehlenswerte Bücher", Seite 157)

Im Vordergrund steht:
WAS IST YOGA? WAS WILL YOGA?
Worin liegen die praktischen Anwendungsmöglichkeiten?

Gibt es Gesetzmäßigkeiten im Yoga?
Wie kann ich die Gesetze erfüllen?
Wie erkenne ich Entartungen und Scharlatanerie im Yoga?
Kann ich Yoga unabhängig von Alter, Beruf, Bildungsstand, Geschlecht, Religion, Gesundheitszustand überall verwirklichen?
Lohnt es sich, Yoga zu üben?
Was ist das Ziel im Yoga?

Dieses Buch soll kein Wissen vorkauen!
Es soll anregen,
selbst zu forschen,
selbst zu suchen,
selbst zu finden,
selbständig zu werden.

Dem Leser zum Geleit noch ein Rat:
Prüfe alles ... und nur das Gute behalte!
„Gut" ist nur das, was man selbst als Wahrheit erkennt und was auch praktisch anwendbar ist.

ES GIBT NICHTS GUTES, AUSSER MAN TUT ES!

ERLEBE DICH SELBST DURCH YOGA

WAS IST YOGA?

WAS WILL YOGA?

„Wahrlich, ich sage euch,
Ihr müßt von neuem geboren werden."
(Joh. 3, 7)

DIE KUNST ZU LEBEN

Wer ist ein Christ? Derjenige, der die Ideen des Christentums in seinem Leben praktisch verwirklicht. Genauso verhält es sich mit Yoga. Nicht der ist schon ein Yogi, der von Zeit zu Zeit einige Yoga-Übungen ausführt, oder der viele Yoga-Bücher gelesen hat, und andere darüber zu belehren sucht. Ein Yogi ist auch nicht der, dem Titel (wie „Swami", „Rischi") oder Würden verliehen wurden, oder der als Fakir „Kunststücke" vorführt, – nur derjenige ist ein Yogi, der die Gesetze des Lebens erkennt und sie in jedem Moment auf bestmögliche Weise verwirklicht.

„Meine Speise ist, daß ich den Willen dessen tue, der mich gesandt hat und sein Werk vollbringe." (Joh. 4, 34)

Yoga ist höchste Lebens-Kunst.
Ein Yogi beherrscht diese Lebens-Kunst. In dem Maße, wie es uns gelingt, echte Lebenskünstler zu sein, machen wir Fortschritte auf dem Yoga-Weg. Jeder bewußte Mensch übt Yoga, gleichgültig, wie er das nennt. Die Kunst, richtig zu leben, besteht darin, den Augenblick auf bestmögliche Weise zu nutzen.

Es gehört mit zur Aufgabe dieses Buches, dieses Bestmögliche bewußt zu machen und von den verschiedensten Standpunkten aus zu beleuchten.

WAS STEHT IN MEINER KRAFT?

„Ihr sollt vollkommen sein, gleichwie Euer Vater im Himmel vollkommen ist!" (Matth. 5, 48)

„Ich habe gesagt: Ihr seid Götter . . .!" (Joh. 10, 34)

„Was wir säen, ernten wir" (Bibel)

Entwickeln kann man das, was eingewickelt ist! Entwickle immer im rechten Sinne!

Die Bibel und die heiligen Schriften anderer Religionen – „heilig" nennt man sie, weil sie universelle Wahrheiten enthalten – sagen einheitlich:

„I h r a l l e s e i d K i n d e r G o t t e s"

Sie behaupten darüber hinaus:

„G o t t i s t a l l m ä c h t i g"

Wenn Gott allmächtig ist, so müßten seine Kinder ebenfalls die Anlagen zur Allmacht, oder zumindest zu großartiger Kraft- und Machtentfaltung in sich tragen. Wäre dem nicht so, so wären diese Schriften alle unsinnig, unwahr und daher auch nicht heilig.

Zu allen Zeiten hat es Menschen gegeben, die solche Schriften nicht nur streng geprüft, sondern auch den Beweis für deren Wahrheitsgehalt an sich selbst erprobt und erlebt haben.

Was haben diese Menschen getan?

Sie haben positive, kraftvolle, Leben gebende Saat (göttliche Saat) gesät und daher Positives, Kraftvolles, Lebengebendes (Göttliches) geerntet.

Umgekehrt gilt:

„Wer Unkraut sät, wird Unkraut ernten!" (Angst, Schwachheit etc.)

Die Yogis und Gottsucher aller Zeiten richteten ihr Streben auf das Beste und Höchste (auf Gott) und gaben sich nicht mit Wenigerem zufrieden; das heißt:

SIE ENTWICKELTEN IHRE KRÄFTE AUF RECHTE WEISE;
SIE GEBRAUCHTEN IHRE TALENTE IN RECHTEM SINNE!

DAS LEBEN – EIN KREUZ(WORT)RÄTSEL

Ein Kreuzworträtsel gilt als gelöst, wenn die richtigen Lösungen in die vorgesehenen Fächer eingetragen sind.
Genauso verhält es sich mit dem Leben. Die „vorgesehenen Fächer" sind die Schicksalsstationen des Menschen, die eine weise Vorsehung in jedem Moment für uns vorsieht. Wie bei einem Kreuzworträtsel, so führen auch im Leben falsche Lösungen nicht zum Ziel.

**„So also lautet unsere Philosophie der Seelenwanderung:
Wir treten in das Leben mit der Erfahrung eines früheren Lebens, und das Glück oder Unglück dieses Daseins ist das Ergebnis unserer Taten in einem früheren Leben. So werden wir immer vollkommener, bis die letzte Stufe der Vollkommenheit erreicht ist."
(Vivekananda)**

Jede Verwirklichung dessen, was ich als richtig erkannt habe, ist eine Teillösung. Je mehr richtige Lösungen gelingen, um so erfüllter ist ein Leben. Da das Leben Millionen von Fragen und Problemen aufwirft, wird es uns auch genügend Zeit für deren Lösung lassen. Reicht dazu die Zeitspanne *eines* Erdenlebens aus ...?
In den meisten Religionen ist der Glaube an eine Wiederverkörperung (Reinkarnation) verankert. Auch im christlichen Bereich gibt es ein Fegefeuer, eine Auferstehung des Fleisches.

**Hier ist die Rede von Wiedergeburt im Fleische und im Geiste ...
„Verwundere dich nicht, daß ich dir sagte: Ihr müßt von neuem geboren werden ..." sagt Jesus zu Nikodemus.
(Siehe Joh. 3, 1–8)**

Wie immer sich die Menschen in ihrem Glauben den Weg zum Ziel vorstellen mögen, eines steht fest:
Die „Rückkehr zu Gott" – die Erlösung – kann nur stattfinden, wenn alles von Gott Trennende (falsche Teillösungen) überwunden ist. Mit anderen Worten:
Wenn alles richtig gelöst ist.

Erlösung ist die Summe von Milliarden richtiger Teillösungen.

SELBSTERKENNTNIS – DER ERSTE SCHRITT

Was ist dieses „S e l b s t" ?
dieses „I c h b i n" ?
Alles Forschen und Suchen der Menschen kreist von alters her um diesen Punkt.

„M e n s c h, e r k e n n e d i c h s e l b s t", forderte schon Sokrates.

„Ich bin ... der Weg, die Wahrheit, das Leben." (Joh. 14, 6)

Die alten Ägypter formten dieses „Selbst" in Stein. Die Sphinx, wo aus einem „tierischen Körper" ein majestätisches, menschlich-göttliches Antlitz herauswächst, das schweigend durch viele Jahrtausende dieses „Ich bin" verkündet.

Ist dieses universelle Ich bin, dieses Selbst, etwa dasselbe, was man „G o t t", „L o g o s", „L e b e n" bezeichnet?

Die Menschen streiten sich um Begriffe. Der „Atheist" sagt: Ich glaube nicht an Gott, aber ich glaube an das Leben. Ein Philosoph glaubt vielleicht an das Selbst. Steckt hinter diesen verschiedenen Worten nicht dasselbe Sein? Wie ein im Garten vergrabener Schatz da ist, ob ich davon weiß oder nicht, so ändert auch Leugnen oder Nichtwissen nichts an der Tatsache, daß das Leben (in seinen verschiedenen Benennungen) da ist!

Der erste Schritt das Leben, das Selbst, zu erkennen, ist
S e l b s t e r k e n n t n i s.

„Der Spruch über dem Tempel zu Delphi ‚Erkenne dich selbst' ist deshalb einer der Fundamentalsätze aller Weisheit geworden, weil sich unschwer nachweisen läßt, daß alles Glück des Lebens fast ausschließlich davon abhängt, ob der Mensch imstande ist, das unverwechselbare Einzige seines Wesens zu erkennen und diesem inneren Sein entsprechend das Äußere seines Lebens nachzuformen. Weder eine Maus noch ein Tiger bedürfen der Selbsterkenntnis, da das in ihnen wirkende Gesetz der Art sie von selbst daran hindert, eine Schlange oder ein Löwe werden zu wollen. Der Mensch als geistig bestimmtes Wesen aber bedarf ihrer; denn er will fast stets etwas erreichen, das ihm nicht entspricht und wünscht niemals das zu werden, was er ist. So muß er alle jene Umwege machen, deren Leid er nicht versteht und deren Mißgeschicke er für widrigen Zufall hält.
Denn im Grunde genommen ist jedes Menschenleben genauso unwandelbarer Gesetzlichkeit unterworfen, wie das eines Kristalls oder eines chemischen Stoffes."
(Aus „Das Reich der Dämonen", von Frank Thiess).

NATURGESETZ IST GOTTESGESETZ

„lex naturalis est lex divina“ (Augustinus)

„Gott verzeiht alles, aber er befreit nicht vom Naturgesetz.“ (Augustinus)

Alles, was die Wissenschaft in bezug auf das L e b e n bisher entdeckt hat, unterliegt einer exakten Ordnung, vom Atom bis zur menschlichen Zelle, vom Mikrokosmos Mensch bis zu den riesigen Sternenwelten des Makrokosmos.

Wie ein Haus nicht von selbst entsteht, sondern eines Architekten und Baumeisters bedarf, der wiederum Handwerker und Arbeiter beschäftigt, konnte der Kosmos auch nicht „aus dem Nichts“ entstanden sein. Die Menschen nannten seit eh und je diesen Baumeister der Schöpfung „G o t t“, die Wissenschaftler sagen dazu: N a t u r g e - s e t z e.

Folgerichtig behauptet Augustinus: „Naturgesetz ist Gottesgesetz“. Das göttliche Gesetz befolgen, heißt also die Gesetze der Natur richtig zu befolgen.

Glaubet nicht, daß ich gekommen sei, das Gesetz oder die Propheten aufzulösen; ich bin nicht gekommen, aufzulösen, sondern zu erfüllen. Denn wahrlich, ich sage euch: Bis Himmel und Erde vergehen, soll auch nicht ein Jota oder ein Strichlein von den Gesetzen vergehen bis alles erfüllt ist. Wer irgend nur eines dieser geringsten Gebote auflöst und also die Menschen lehrt, wird der Geringste heißen im Reiche der Himmel, wer irgend sie tut, und lehrt, dieser wird groß heißen im Reiche der Himmel. (Matth. 5, 17 ff.)

Die Worte Jesu von Nazareth stehen im Einklang mit dem, was im Yoga seit Jahrtausenden gelehrt und praktiziert wird:

Wir sind dazu da, um unser Leben in Harmonie mit den Natur- und Gottesgesetzen zu gestalten.

Erfüllen wir dieses Gebot nicht, so entsteht Leid. Gerade dadurch werden wir belehrt! Die Not wird zur Not-wendigkeit, auf daß die Not sich wende.

WAS SAGEN MODERNE NATURWISSENSCHAFTLER?

Max Planck

„Wohin und wie weit wir also blicken mögen, zwischen Religion und Naturwissenschaft finden wir nirgends einen Widerspruch, wohl aber gerade in den entscheidenden Punkten volle Übereinstimmung. Religion und Naturwissenschaft, sie schließen sich nicht aus, wie manche heutzutage glauben oder fürchten, sondern sie ergänzen und bedingen einander."

Werner Heisenberg

„Ich glaube, daß generell die völlige Trennung zwischen Glauben und Wissen auf die Dauer nicht möglich sein wird, daß die Welt der Werte (= Religion) eben doch auch mit der Welt der wirklichen Tatsachen, der naturwissenschaftlichen Wirklichkeit, irgendwie verknüpft ist."
„Wir haben eingesehen, daß es diese objektive Natur, die völlig von uns getrennt ist, nicht gibt."
„Diese zentrale Ordnung gestaltet nicht nur das Geschehen außerhalb von uns, sondern gestaltet auch unsere Erlebnisfähigkeit, unseren Geist, unsere Seele, das heißt: wir sind in diese zentrale Ordnung eingebettet, auch mit unserem Erkenntnisvermögen."
„Der Mensch begegnet im Erkennen zugleich sich selbst."

Albert Einstein

Albert Einstein bezog den „Zufall", das „Unbestimmte", in die „zentrale Gesetzmäßigkeit", in die „letzten Zusammenhänge" mit ein: „Der liebe Gott würfelt nicht" . . .

Werner Heisenberg

„Der Physiker kann der zentralen Ordnung begegnen wie der Seele eines anderen Menschen."

C. F. von Weizsäcker

„Natur ist Geist, der nicht als Geist erscheint."

„Die Natur sucht die Einigung mit Gott durch den Menschen, der nicht auf sie, sondern nur auf Gott schaut. Wer ihr diesen Weg eröffnet, den erfüllt sie mit dem Sturm ihrer Seligkeit, mit der Realisierung eines neuen Bewußtseinsfeldes."

„Die Auflösung der Wirklichkeit in ein Geflecht von Kausalfäden ist ein Irrtum. Eine Kultur, welche die Wirklichkeit so mißversteht, kann nicht anders als die Wirklichkeit zerstören, die sie zu beherrschen und zu verbessern meint."

Werner Heisenberg

„Der Naturwissenschaftler unserer Zeit ist gezwungen, über ethische Fragen nachzudenken, um die kommt er nicht mehr herum. Aber ich glaube, auch abgesehen von diesem äußeren Zwang, der durch die Entwicklung (Atombombe!) gekommen ist, müssen wir uns eigentlich sagen, daß diese völlige Trennung zwischen Wissen und Glauben doch nur eine ganz vorübergehende Situation des ausgehenden 19. Jahrhunderts war."

SELBSTVERWIRKLICHUNG

„Selbstverwirklichung" heißt: wirken
im Einklang mit dem Selbst,
im Einklang mit den Naturgesetzen,
im Einklang mit dem Willen Gottes.
Genau das ist Yoga!

Mit Recht wird man fragen:
„Wie meldet sich dieses Selbst"?
Durch die Stimme des Gewissens.
Verwechseln wir aber diese „innerste Stimme" nicht mit der Stimme des Verstandes, mit der Stimme der Gefühlswünsche und Leidenschaften!

Nur die innerste Stimme ist das Gewissen. Je mehr ich den Weg nach innen gehe (was im Verlauf dieses Buches vielfach aufgezeigt wird), um so klarer wird sich die Stimme des Gewissens melden.

Halten wir uns immer deutlich vor Augen: Das Erkennen ist nur die Voraussetzung zum ersten Schritt! Nicht das Predigen und Debattieren ist vorrangig, sondern das Tun!

„Nicht an den Worten, sondern an den Werken sollt ihr sie erkennen!" (Bibel)

YOGA IST SELBSTVERWIRKLICHUNG.

DAS BESTE GEBEN IST DAS BESTE GEBET

Im Wort Gebet liegt der Sinn des Wortes geben, sich hingeben. Geben ist das Gegenteil von nehmen oder betteln.
Hören wir, was Christus über das Beten sagt:
„Und wenn ihr betet, sollt ihr nicht sein wie die Heuchler; denn sie beten gern in den Synagogen . . ., um sich vor den Leuten sehen zu lassen.
Wahrlich, ich sage euch: Sie haben ihren Lohn dahin."

„Wenn ihr aber betet, sollt ihr kein unnützes Geschwätz machen wie die Heiden; denn sie meinen, daß sie um ihrer vielen Worte willen Erhörung finden werden. Seid ihnen nun nicht gleich; denn euer Vater weiß, was ihr bedürft, ehe ihr ihn bittet."
(Mt. 6, 5, 7, 8)

„Vergib uns unsere Schuld, wie auch wir vergeben unseren Schuldigern." (Mk. 11, 25/26)

Daß das Gebet gleichzeitig auch das Vergeben mit einschließt, wird in allen Hl. Schriften betont. Z. B.: „Wenn ihr betet, so vergebet, wenn ihr etwas wider jemand habt . . . Wenn ihr aber nicht vergebet, so wird euer Vater . . . auch euch nicht vergeben."

Das „Wachet und betet" der Schriften versteht der geistig erwachte Mensch als ständiges inneres Wach-sein in Verbindung mit dem Bestreben, weniger mit Worten als vielmehr durch Taten das Beste zu geben.

ZWEI SEELEN IN MEINER BRUST

Dieses Zitat aus Goethes Faust sei zum Überdenken in Stichworten erläutert:

Selbst (unpersönlich)	Ego (persönlich)
Geist	Materie
Sein	Schein
Freiheit	Zwang
Gott	Welt
jetzt und hier	Zeit und Raum
Gegenwart	Vergangenheit und Zukunft
Ewigkeit = Sein im Jetzt	Unendlichkeit = Sein in Zeit und Raum
Ruhe	Unruhe
„Abel“	„Kain“
Einheit	Zwei- oder Vielheit
geben	nehmen
männliches Prinzip	weibliches Prinzip
plus	minus
„Himmel“	„Erde“
unsterblich	sterblich
unveränderlich	veränderlich
5 innere Sinne	5 äußere Sinne
Leben	Tod
HA (Sonne, Yang)	THA (Mond, Yin)

„YOGA“ HEISST AUCH VERBINDUNG.
Yoga läßt die „zwei Seelen“ wieder in die göttliche Einheit einmünden.

„Hier ist das oft erschütternde und beseligende Erlebnis. Ich bin es nicht. Nicht ich habe das gemacht. Und doch bin ich es in gewisser Weise, aber nicht dieses wollende Ich, sondern ein umfassenderes Selbst.“
(C. F. von Weizsäcker)

**„Zwei Seelen wohnen, ach! In meiner Brust.
Die eine will sich von der andern trennen:
Die eine hält, in derber Liebeslust, sich an die Welt mit klammernden Organen;
Die andre hebt gewaltsam sich vom Dust zu den Gefilden hoher Ahnen.“**

= Yoga

Yin-Yang-Symbol

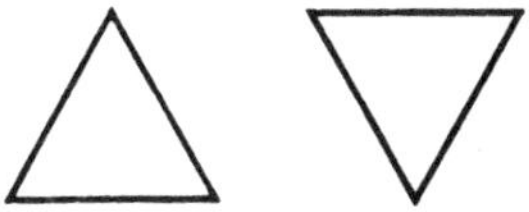

= Yoga

David-Stern

DIE FÜNF SINNE

Sehen – hören – riechen – schmecken – tasten.

Diese fünf Sinne existieren nicht nur im körperlichen Bereich. Sie finden ein Gegenstück dazu auch im Geistigen. Wie oft verläßt sich der Mensch auf die äußeren fünf Sinne, die mangels innerer Sicht – Einsicht – nur die Oberfläche wahrnehmen können und deshalb allzuoft aufgrund ihrer Oberflächlichkeit getäuscht werden! Die Folge: Enttäuschung, Leid.

Gleichnis der fünf klugen und fünf törichten Jungfrauen. (Mt. 25, 1 ff.)

Durch Yoga weckt der Mensch „die 5 klugen Jungfrauen", die Öl in ihrer Lampe haben, um das Licht des Geistes anzuzünden und deshalb „bereit für den Bräutigam sind", d. h. die aufgrund ihrer geistigen Durchdringung immer neues Leben (Einsichten, Erkenntnisse) hervorbringen.

„Muß man erst Deine Augen zerschlagen, damit Deine Ohren beginnen zu sehen?" (Nietzsche)

Das innere Sehen führt zur Einsicht.

Das innere Hören kann aus allem Gehörten die Wahrheit heraushören und bringt sie mit sich selbst in Einklang.

Das innere Riechen hat einen Riecher für alles, was gut, schön und wahr ist.

Das innere Schmecken findet Geschmack nur an Leben gebenden Dingen. Es schmeckt vorsichtig alles ab!

Das innere Tasten testet (prüft) alles und das Gute behält es.

GESUNDHEIT = IM GLEICHGEWICHT SEIN

Ein Mensch, der körperlich und seelisch im Gleichgewicht ist, fühlt sich gesund.
Da Gleichgewicht die Ursache von Ruhe ist, wird jeder Yoga-Übende bestrebt sein, für das Gleichgewicht der Kräfte zu sorgen. Denn aus der Ruhe entspringt die höchste schöpferische Kraft: „Am siebten Schöpfungstag ruhte Gott".

Auch der „Stern von Bethlehem" symbolisiert das Gleichgewicht (Die Welt gesundet durch den Geist. Sie wird erlöst).

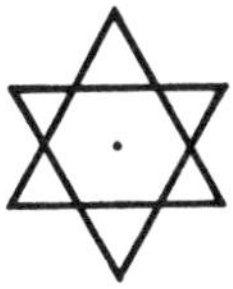

Eine Waage befindet sich im Gleichgewicht (in Ruhe), wenn beide Waagschalen gleichmäßig belastet sind.

Für das alltägliche Leben bedeutet das: Je mehr Anspannungen ein Mensch ausgesetzt ist, desto mehr bedarf er der Entspannung. Je mehr Stürme ein Mensch zu bestehen hat, desto mehr Widerstandskräfte braucht er. Je mehr ein Mensch zu tragen hat, desto mehr Kräfte müssen ihm zur Verfügung stehen. Je mehr ein Mensch negativen Eindrücken ausgesetzt ist, desto mehr positive Gedanken muß er erzeugen. Je mehr ein Mensch mit körperlich oder seelisch Kranken zu tun hat, umso mehr muß er Gesundheit (Gleichgewicht) in sich selbst bewußt machen.

„Man muß ein halbes Leben daranwenden, um einzusehen, daß sich die Waage des Daseins nur im Gleichgewicht halten läßt, wenn man zweierlei in die Schalen legt: Geduld und Liebe."
(K. H. Waggerl)

DER ATEM, EIN BINDEGLIED ZWISCHEN GEIST UND MATERIE

Das Geheimnis des Atems wird schon auf den ersten Bibelseiten gelüftet:

> „Gott bildete den Menschen aus Materie („Staub der Erde") und hauchte in seine Nase den Odem des Lebens und der Mensch wurde eine lebendige Seele." (1. Mos. 2, 7)

Unserem heutigen Bewußtsein verständlich gemacht, heißt das: Der bewußte Atem (göttliche Hauch), durch die Nase eingeatmet, verbindet die höchsten Ebenen des Geistes (GOTT) mit allen Bereichen des Körpers und erfüllt sie mit Leben.
Dem Menschen wurde durch das Geschenk des bewußten Atmens die Möglichkeit gegeben, die Eigenschaften des Geistes bewußt auf alle materiellen Bereiche seines Seins zu übertragen.
Was strömt aus dem Geiste?

> Ruhe – Harmonie – Frieden – Freiheit – Gelöstsein – Freude – Schönheit – Gleichgewicht – Gesundheit – Kraft – Vitalität – Leben ...

Die Leben spendenden Kräfte nennt man im Yoga „Prana".
„Prana ist schließlich etwas wie die allgegenwärtige Energie der höchsten kosmischen Intelligenz; Prana baut das Lebendige sinnvoll, nach einem uns verborgenen, aber wenigstens ahnenden Blick sich teilweise erschließenden Plan."
(C. F. von Weizsäcker)

Ausführliches über Atemtechniken, Prana-Speicherung im Buch „Sport + Yoga".

DIE SIEBEN BEWUSSTSEINSSTUFEN

Ein altes indisches Sprichwort sagt: „Gott schläft im Stein –, Gott atmet in der Pflanze –, Gott fühlt im Tier –, Gott wacht auf im Menschen."

Ausführliches über dieses umfassende Thema siehe im Buch „Einweihung"

Die sieben Bewußtseinsstufen:

Offenbarung	Wesen	Ebene	
Gottmensch	Schöpfer Überselbst	ATMA Unio mystica	**7. Bewußtseinsstufe**
Prophet	Universelle Liebe	Weisheit BUDHI	**6. Bewußtseinsstufe**
Genie	Ursache	Kausal Intuition	**5. Bewußtseinsstufe**
Mensch	Gedanke	Mental Logik	**4. Bewußtseinsstufe**
Tier	Gefühle Begierde	Astral	**3. Bewußtseinsstufe**
Pflanze	Lebens-Strom	Aether	**2. Bewußtseinsstufe**
Mineral	Körper Materie	Physische Welt	**1. Bewußtseinsstufe**

„Gold" „3. Tag"	Gottmensch Prophet Genie	unsterblicher GEIST	**„Ich und der Vater sind eins." (Joh. 10, 30) „Auferstehung am 3. Tag"**
„Weihrauch" „2. Tag"	Verstandesmensch Tier Pflanze	SEELE	**„Abgestiegen zu der Hölle . ." in den sterblichen Bereich des persönlichen Ich.**
„Myrrhe" „1. Tag"	Mineral	KÖRPER	

SIEBEN SCHÖPFERISCHE URKRÄFTE

Die Tastatur eines Klaviers zeigt eine periodisch einheitliche Wiederholung derselben Töne im Rahmen jeder Oktave.
/ c, d, e, f, g, a, h, / c, d, e, f . . . Wie jede Oktave sieben Haupttöne aufweist, so enthält auch jede der sieben Bewußtseinsebenen wiederum die sieben SCHÖPFERISCHEN URKRÄFTE.

(siehe „Empfehlenswerte Bücher")

Im Büchlein „Der Tag mit Yoga" zeigt Elisabeth Haich einen „Geistigen Yoga-Weg für Denkende", der Möglichkeiten angibt, die sieben schöpferischen Urkräfte in ihrer Wirksamkeit auf den verschiedenen Ebenen bewußt zu machen. Dort steht in der Einleitung:

> „Wie das Licht der Sonne aus sieben Farben besteht und sich in diese sieben Farben auflöst, so besteht auch die schöpferische Urkraft Gottes aus sieben schöpferischen Prinzipien, die zusammen, aber auch voneinander getrennt, im Universum als aufbauende – und auch zerstörende – Kräfte wirken. Alles, was existiert, wurde und wird von diesen Kräften geschaffen, ob das Weltkörper – Sonne oder Planet – oder Pflanze, Tier oder Mensch ist".

Diese sieben schöpferischen Urkräfte wirken, periodisch auftretend, auch in der Zeit.

So entstand die Sieben-Tage-Woche. Man benannte die einzelnen Tage nach den sieben „Planeten", deren Schwingungen am jeweiligen Tag von Sehern aller Zeiten besonders intensiv erfühlt wurden.

So entstanden Sonntag (Sonne), Montag (Mond), Dienstag (Thingsus oder Mars), Mittwoch (Mittler oder Merkur), Donnerstag (Donar oder Jupiter), Freitag (Freia oder Venus), Samstag (Sabbat oder Saturn).

Wie ein Lehrer seine Schüler dadurch kennenlernt, daß er sich immer wieder mit ihnen beschäftigt, sich gleichsam in sie e i n l e b t, so bietet „Der Tag mit Yoga" anhand von Sprüchen, die jeweils eine der sieben Urkräfte besonders dominierend zum Inhalt haben, die Möglichkeit, diese mehr und mehr zu verstehen und damit einen weiteren Schlüssel zur Selbsterkenntnis in die Hand zu bekommen.

„Gott hat den Menschen nach seinem Bild geschaffen. Gott hat die Welt geschaffen nach mathematischen Gesetzen. Der Mensch, nach Gottes geistigem Bild geschaffen, vermag die mathematischen Gesetze der Natur nachzudenken."
(Johannes Keppler 1571–1630)

Ein Yogi kann bewußt – im Einklang mit dem Willen Gottes – mit den sieben schöpferischen Urkräften auf allen sieben Bewußtseinsoktaven schöpferisch wirken.

SIEBEN HAUPT-TSCHAKRAS

Unsere Wirbelsäule ist der Träger des Körpers, aber auch der Träger der Lebensspannung. Drei Hauptstromleitungen ziehen sich an ihr entlang (auf Sanskrit: „Nadi"): linke Seite „Ida-Nadi" (negativ), rechte Seite „Pingala-Nadi" (positiv), in der Mitte (im Rückenmark) „Suschumna-Nadi" (der „Kundalini-Weg").

Die Spannung zwischen dem positiven Pol (mit Sitz im obersten Bereich des Kopfes) und dem negativen Pol (mit Sitz im untersten Wirbel) ist die Lebensspannung. Im negativen Pol wohnt eine Ur-Kraft: „Kundalini", „Schlangenkraft", oder auch symbolisch „Göttliche Mutter" genannt. Sie wird ständig vom positiven Pol, dem Sitz des Geistes – in der Yoga-Philosophie „Vishnu" genannt – angezogen.

Dringt Kundalini (= die Zusammengerollte) durch den Rückenmarkskanal nach oben und vereinigt sich mit Vishnu, so erlebt der Mensch die „Mystische Hochzeit", „Samadhi", „Nirvana". – Dieser höchste Bewußtseinszustand ist vergleichbar mit der Vereinigung der Geschlechter. Bei einer „geistigen Hochzeit" jedoch, tritt das Glücksempfinden, die Erfüllung, die Seligkeit, tausendfach intensiver auf.

Das Nervensystem des Durchschnittsmenschen ist nicht in der Lage, diese höchste Spannung bewußt zu ertragen. Gelangt bei

SITZ DER TSCHAKRAS

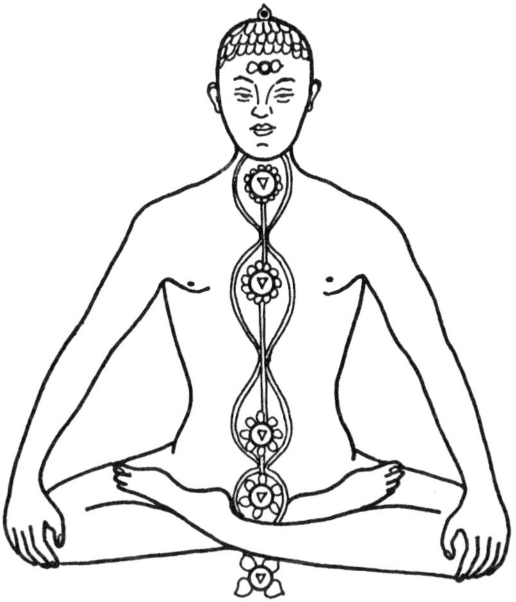

1000blättriger Lotos – SAHASRARA – auf der Schädeldecke

2blättriger Lotos – ADSCHNA – zwischen den Augenbrauen

16blättriger Lotos – WISCHUDDHA – Kehlkopf (Nähe Schilddrüse)

12blättriger Lotos – ANAHATA – Herz

10blättriger Lotos – MANIPURA – Nabel

6blättriger Lotos – SWADHISCHTHANA – oberhalb der Geschlechtsorgane

4blättriger Lotos – MULADHARA – Steißbein

(Die Tschakras haben ebensoviele „Speichen“ wie die Lotos-Blumen „Blätter“)

ihm Kundalini z. B. durch gewaltsame Einwirkung (Unfall) aufwärts, so verliert er zumindest das Bewußtsein („Katalepsie"), wenn nicht sogar Lähmung, Wahnsinn oder Tod eintreten.

Zwischen den beiden Polen, Sitz wichtiger Nervenzentren, befinden sich an der Schwelle jeder Bewußtseinsstufe weitere Nervenzentren. Insgesamt hat der Mensch sieben Haupt- und fünf kleinere Zentren, genannt: „Tschakras" = „Rad", oder „Padmas" = „Lotus". Sie sind stofflicher wie auch geistiger Natur und haben vielseitige Aufgaben als Transformatoren oder Akkumulatoren für Energiespeicherung (Pranaspeicherung) zu erfüllen.

Vor Kundalini-Übungen, die nicht unter Anleitung eines wissenden Lehrers ausgeführt werden, muß an dieser Stelle ausdrücklich gewarnt werden.

Durch Yoga-Übungen (Ruhe, Gleichgewicht, Einheit, Bewußtseinslenkung, Atemübungen, „Pranayama") wird Kundalini geweckt und Vishnu immer näher gebracht. Kundalini steigt so im Laufe der Entwicklung von Tschakra zu Tschakra, was jeweils mit dem Erreichen einer höheren Bewußtseinsstufe und wachsenden, neuen Fähigkeiten verbunden ist. Immer durchgeistigter wird der Verstand; immer höher die Erkenntnisse; immer tiefer die Wahrheitsschau; immer mehr Talente entwickeln sich. – Endziel ist Erleuchtung – „unio mystica".

Näheres in den Büchern „Sport + Yoga" „Einweihung" „Raja-Yoga"

Religion und universelle Wissenschaft werden eins.

FEUER – WASSER – LUFT – ERDE

Die vier Temperamente: „Feuer“ (cholerisch), „Wasser“ (phlegmatisch), „Luft“ (sanguinisch), „Erde“ (melancholisch) sind die vier Spannungszustände, die in allem, was lebt, auftreten. Es sind die „vier Temperamente“, die am Beispiel von vier Wanderern erläutert seien, die plötzlich vor sich auf dem Weg einen Stein (Stein des Anstoßes) sehen:

Das Quadrat, ein Symbol für die 4 Temperamente. (die 4 Gesichter Gottes)

> „Leicht springt über den Stein der Sanguiniker, keck und mit Anmut. Stolpert trotzdem darob, macht er sich wenig daraus.
>
> Grimmig stößt ihn beiseit' des Cholerikers kräftiger Fußtritt und sein funkelndes Auge freut sich des guten Erfolges.
>
> Kommt der Phlegmatiker an, so hemmt er gemächlich den Schritt: Will er mir nicht aus dem Weg, geh' ich eben herum.
>
> Aber grübelnd vor ihm steht der Melancholiker still. Unzufriedenen Gesichts über sein ewiges Pech.“
> (Friedrich Rückert)

Die Pyramide, ein Symbol für das rechte Offenbaren („göttliches Dreieck“ △) der 4 Temperamente.
Die Spitze der Pyramide ist gleichweit von den vier Seiten entfernt. Dort herrscht „Übersicht“ und vollkommenes Gleichgewicht.
Sie ist das Ziel, in dem alles in der Harmonie der Einheit einmündet.

Gleiches sagt das griechische Bildmotiv der Quadriga aus. Vier Pferde ziehen den feurigen Wagen des Sonnengottes Helios zum Himmel hinauf.

Im richtigen Moment und am rechten Ort das richtige Temperament auf rechte Weise offenbaren: Das ist Lebenskunst. Das ist Yoga.

KONZENTRATION – SCHLÜSSEL ZUR LEBENSENTFALTUNG

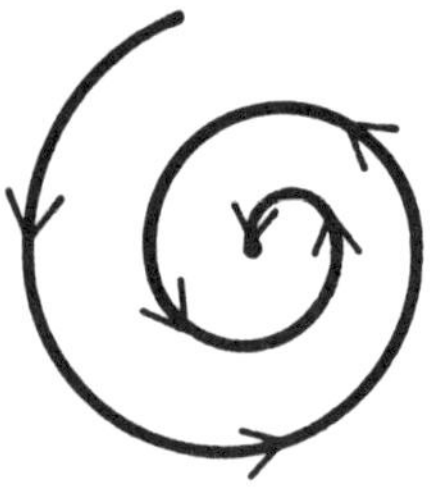

Zu jedem Lernvorgang wird die Kraft der Konzentration benötigt. Ohne diese Fähigkeit des Geistes stagniert jede Entwicklung.

Je z e r s t r e u t e r ein Mensch, desto unkontrollierter sein Geist!
Je k o n z e n t r i e r t e r ein Mensch, desto wacher sein Geist!

Konzentration

Wer sein Zentrum nicht mehr findet, wer also ständig aus seiner Mitte herausgerückt ist, der ist im wahrsten Sinne des Wortes v e r r ü c k t und demnach geistig unzurechnungsfähig.
Jede Tätigkeit, die mit Konzentration ausgeführt wird, dehnt das Bewußtsein aus, entwickelt geistige Fähigkeiten.
DAS IST YOGA.

„. . . Dir will ich die Schlüssel des Himmesreiches geben . . .“ (Mt. 16, 19)

In der Bibel lautet das Symbolwort für Konzentration: P e t r u s.
Petrus = Fels = höchste Konzentration = höchste Stabilität.
Petrus sind die Schlüssel
für die Entfaltung des Geistes,
die Schlüssel zum Bewußtwerden,
die Schlüssel zum SELBST-BEWUSSTSEIN,
die Schlüssel zum Himmelreich
in die Hand gegeben.

W a s i m m e r i c h t u e, t u e i c h b e w u ß t, k o n z e n t r i e r t, i n R u h e.

ZEIT UND RAUM
DIE BEIDEN BALKEN DES KREUZES

Im Bericht der Bibel wurde das Kreuz auf Golgotha (= Schädelstätte) errichtet. Der Schädel ist die Stätte des Denkens, des Verstandes. Erst wenn im Laufe der Entwicklung das Denken anfängt, wird das Paradies verlassen. Deshalb können Tiere oder Kleinkinder nicht sündigen. Sünde fängt erst mit den „zwei Fällen" (= Zweifeln) an. Aus diesem Grunde kommt jeder Mensch mit der „Erb-Sünde" auf die Welt, weil er das Erbe des Verstandes – die Zweiheit – mitbringt.

Der Mensch ist symbolisch ans Kreuz geschlagen und gelangt erst dann zur Auferstehung, wenn sich sein Denken in Christus-Denken (Logos) verwandelt hat: Ein Wandel aus der Zweiheit in die All-Einheit. Einheit wohnt im Reich der Ewigkeit, im immerwährenden Sein – im J e t z t, im Reich der R u h e.
Zweiheit entsteht durch das Geheftetsein des Bewußtseins an die Balken Z e i t und R a u m.

„Ich und der Vater sind eins." (Joh. 10, 30)

„Herr, gib die ewige Ruhe . . ."

Das Leid des Gekreuzigtseins weckt die Sehnsucht nach Einheit, die Suche nach Gott, nach Erlösung. Die Not (das Kreuz) wird zur Notwendigkeit!

„Mein Ruh' ist hin,
Mein Herz ist schwer . . ."
(Faust: Gretchen am Spinnrad)

am Rad der Zeit
„einen Gedanken spinnen"
„Hirngespinst" . . .
„den Faden verlieren . . ."

SCHÖPFUNG IST BEGRENZUNG

Wenn ein Holzschnitzer aus einem Stück Holz eine Figur herausschnitzt, schneidet er mit dem Schnitzmesser so lange vom Holz etwas herunter, bis die gewünschte Figur übrigbleibt. Aus demselben Stück Holz hätte er auch jede andere Form herausschnitzen können (die folglich in diesem Stück Holz ebenfalls enthalten sein mußte.)

Dasselbe gilt für den Bildhauer, der einen Steinblock bearbeitet, für den Maler, der vor einer leeren Leinwand sitzt, für den Komponisten, der zunächst ein leeres Notenblatt vor sich liegen hat . . .

Schöpfen heißt also: begrenzen, aus der All-Möglichkeit etwas Begrenztes schaffen, aus dem „Nichts" in das „Etwas" heraustreten. So verhält es sich mit allem, was geschaffen ist. Die ganze Schöpfung ist begrenzt in Zeit und Raum. Das persönliche Ich unterliegt denselben Gesetzen.

„Yoga üben" heißt: die Begrenzungen immer mehr abzubauen durch Ausdehnung des Bewußtseins.

„Lieben, geliebt werden, und auf die Erde wiederkommen, um zu bewirken, daß die Liebe gelebt werde . . ." (Therese von Lisieux, lt. Walter Nigg „Große Heilige")

Paulus zeigt in der Bibel hierfür den erfolgreichsten Weg: (1. Kor. 13, 2)

> „Und wenn ich die Prophetengabe habe, und alle Geheimnisse weiß, so daß ich Berge versetzen könnte, habe aber die Liebe nicht, so bin ich nichts."

Wie sich aus einem Ein-Zell-Wesen im Laufe der Evolution ein Billionen-Zell-Wesen (Mensch) entwickelt hat, das in der Lage ist, das Bewußtsein von Milliarden verschiedener Zellen zu einem „Ich", unserem persönlichen, begrenzten Ich, zusammenzufassen, so werden durch die Kraft der Einswerdung (Liebe) im Laufe der Menschheitsentwicklung immer mehr Einzel-Ichs in ein größeres Gemeinschafts-Ich zusammenwachsen.

Wir stehen an der Schwelle einer neuen Zeit, einer Zeit der schnelleren Entfaltung des Bewußtseins (schnellebige Zeit), der Zusammenschlüsse im wirtschaftlichen, politischen und religiösen Bereich, an der Schwelle des „Wassermann-Zeitalters".

Wir erleben die Geburtswehen, die jeden neuen Welten-Monat einleiten. Wie Moses, der „Widder-Gehörnte" (= Kraft des Widderzeitalters), seine Last hatte mit dem Volk, das noch im Stierzeitalter verharrte (= um das goldene Kalb tanzte), wie Jesus von Nazareth das Fische-Zeitalter mit neuen Ideen befruchtete (Apostel waren „Fischer") und dem Gericht veralterter Schriftgelehrter und Pharisäer ausgesetzt war, so „revoltiert jetzt Wassermann . . ."

(Näheres im Buch „Einweihung")

Das Ende aller Entwicklung wird die Verschmelzung aller Ichs zu einem „universellen ICH BIN" sein. –

Moses „schaute Gott" als universelles „ICH BIN DER ICH BIN".

„Gottes Mühlen mahlen langsam . . ."

AUFERSTEHUNG „AM JÜNGSTEN TAG“

„Tag“ heißt so viel wie „waches Bewußtsein“, im Gegensatz zum Umnachtetsein. Was aber ist das Jüngste, das es gibt? Es gibt nichts Jüngeres als das Jetzt. Folglich bedeutet in der Symbolsprache „der jüngste Tag“: waches Bewußtsein im „Jetzt“.

Am jüngsten Tag findet das göttliche Gericht statt, das heißt, daß ein Mensch, der geistig wach geworden ist, nicht mehr nach dem Verstande richtet – nicht mehr vom persönlich begrenzten Standpunkt aus – sondern universell.

Im Zustand der Geistes-Gegenwart ist alles auf Einheit (Frieden – Ruhe), auf Gott gerichtet. Er ur-teilt nicht mehr, weil er das Eine („Ur“) nicht mehr teilt in die Zweiheit.

**„Mein sind die Jahre nicht,
die mir die Zeit genommen.
Mein sind die Jahre nicht,
die etwa möchten kommen.
Der Augenblick ist mein!
Und nehm ich den in acht,
so ist der mein, der Jahr und
Ewigkeit gemacht.“
(Andreas Gryphius 1616–1664)**

Das Buch des Lebens ist aufgeschlagen; das letzte Gericht beginnt; der Mensch erfüllt bewußt den Willen Gottes, weil er in diesem Bewußtseinszustand klar erkennt, was jetzt richtig und was jetzt falsch ist („was zur Rechten und was zur Linken Gottes sitzt“).

> „Den Augenblick immer als den höchsten Brennpunkt der Existenz, auf den die ganze Vergangenheit nur vorbereitete, ansehen und genießen, das würde Leben heißen!“
>
> (Hebbel)

DAS LEBENSRAD

Das Symbol des Lebensrades trifft man zu allen Zeiten überall auf der Welt an. Wie mag es entstanden sein?

Das Leben dreht sich zunächst – auf der Verstandesebene – im Bereich von Zeit und Raum, den beiden Balken des Kreuzes. Setzt man bei der Überwindung des Kreuzes die Hebel (= Anstrengungen) im rechten Sinne an, so entsteht das Hakenkreuz, ein ebenfalls jahrtausendaltes Symbol für die „Bewegung des Kreuzes auf rechte Weise“. Schließt sich bei dieser Umdrehung der Kreis (Kreislauf des Lebens), so haben wir das Lebensrad.

Bei der Drehung treten an jedem Punkt des Rades Zentrifugalkräfte auf, ausgenommen im Mittelpunkt.
Mit anderen Worten: Im Mittelpunkt eines sich drehenden Rades herrscht immer Ruhe. Dieses Gesetz findet eine Entsprechung im Leben (daher „Lebensrad“):

So lange ein Mensch „in sich ruht“, entfaltet und regeneriert sich das Leben. Je mehr er seine Mitte verläßt, umso mehr gerät er „außer sich“. Wer ständig außer sich ist, dessen Lebenskräfte erlahmen und zerfallen. Symbolisch befindet er sich „in der Sintflut“. Vom Standpunkt des Geistes gesehen ist er „ver-rückt“.

Arche Noah = Schiff der Ruhe

„O wünsche nichts vorbei und wünsche nichts zurück! Nur ruhiges Gefühl der Gegenwart ist Glück.“ (Rückert, „Die Weisheit des Brahmanen“ 14, 21)

WEISSE UND SCHWARZE MAGIE
EINIGE WORTE ZU HYPNOSE

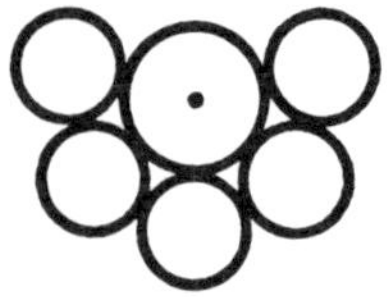

Weiße Magie: Es besteht zwar Kontakt, aber man dringt nicht gewaltsam in das Wesen des anderen ein. Freiheit und Selbstbestimmung bleiben gewahrt.

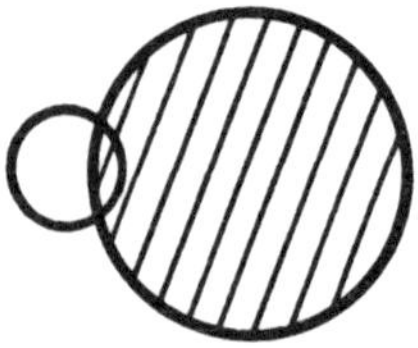

Ein „stärkeres Bewußtsein" dringt zum Teil in ein „schwächeres" ein (Beeinflussung). Es entsteht die Gefahr der Abhängigkeit und Hörigkeit.

Voll-Hypnose (völlige zeitweise Verdrängung des Bewußseins; Ausgeliefertsein an den Hypnotiseur)

Jedes Tun und Wirken ist „Magie". Unser Tun und Wirken ist „weiß-magisch", wenn es im Einklang mit den Natur- und Gottesgesetzen geschieht. Versündigen wir uns gegen diese Gesetze, wird unser Handeln „schwarz-magisch".

Tyrannei fand zu allen Zeiten ein mehr oder weniger schreckliches Ende; denn ein Tyrann versündigt sich gegen die Gesetze der Freiheit und des Selbstbestimmungsrechtes und handelt deshalb schwarz-magisch. Die gewaltsame Ausbreitung einer Religion, ja selbst der höchsten Wahrheiten, fällt bereits in den Bereich der schwarzen Magie und hat zu allen Zeiten mehr Leid als Segen verursacht. Jesus von Nazareth forderte seine Jünger auf, der äußeren Gewaltanwendung zu entsagen; „denn wer nach dem Schwert greift, kommt durch das Schwert um." (Mt. 26, 52)

Aus diesem Grunde lehnen es echte Yogis ab, Hypnose anzuwenden. Bei Hypnose dringt das Bewußtsein des Hypnotiseurs gewaltsam in das des Hypnotisierten ein und schläfert es ein (Hypnos = Schlaf). Der Eingeschläferte ist den Suggestionen des Hypnotisieurs ausgeliefert, was naturgemäß mit besonderen Gefahren verbunden ist.

In vereinzelten Fällen kann Hypnose (ähnlich wie Narkose) Leben-gebend, vielleicht

sogar Leben-rettend sein. Langjährige wissenschaftliche Versuche (besonders in Amerika) haben den Beweis erbracht, daß bei allzuhäufiger Anwendung von Hypnose nicht nur eine immer bedrohlichere Willensschwäche und Labilität beim Patienten die Folge ist, sondern sogar Bewußtseinsspaltung auftreten kann.
In jedem Fall ist eine Heilung mittels Aktivierung der Kräfte des Selbstes einer oft fragwürdigen und häufig nur vorübergehenden Heilung durch „Einschläferung des Bewußtseins“ vorzuziehen.

„Aus eben diesem Grunde habe ich hypnotische Behandlungen aufgegeben. Ich wollte meinen Willen nicht anderen Menschen aufzwingen, sondern die Heilungsprozesse aus der eigenen Persönlichkeit des Patienten wachsen lassen, ohne die Würde und Freiheit des betreffenden Menschen einzuschränken.“
Zitat aus „Der Mensch und seine Symbole“, S. 58, von C. G. Jung (1875–1961)

Durch Yoga werden die Kräfte des Selbstes geweckt und mobilisiert. Auf diese Weise wird immer mehr Selb-Ständigkeit, Selbst-Sicherheit und Selbst-Vertrauen erzeugt.

Nur ein schlechter Yoga-Lehrer, ein Scharlatan, ein „Wolf im Schafspelz“, wird seine Schüler an sich binden, von sich abhängig machen, Hörigkeit oder gar Gelübde von ihnen verlangen. Ein echter Guru (= geistiger Führer) wird immer bestrebt sein, das SELBST im Schüler durch weiße Magie bewußt werden zu lassen und ihn zur geistigen Selbst-Ständigkeit zu erziehen.

Er weiß, daß er niemals mehr sein kann als nur ein SPRACHROHR DES EINEN GROSSEN MEISTERS, der in uns allen lebt.

YOGA-WEGE

„Jede Seele ist ihrem Wesen und Vermögen nach göttlich.
Das Ziel des YOGA ist die Offenbarung dieses Göttlichen durch Beherrschung der äußeren und inneren Natur.
Erreiche dieses entweder durch Arbeit, oder Andacht, durch Kontrolle der körperlichen und seelischen Vorgänge oder durch Erkenntnis (Philosophie). Durch eines, oder einige oder alle und sei frei!"

(Vivekananda)

HATHA-YOGA

Hatha-Yoga ist der Weg zur vollkommenen Gesundheit durch Körperübungen.

„Der Name Hata-Yoga weist auf die Wahrheit hin, auf die dieses System aufgebaut ist. Unser Körper wird von positiven und negativen Strömungen belebt, und wenn diese Strömungen sich in vollendetem Gleichgewicht befinden, dann erfreuen wir uns vollkommener Gesundheit. In der Ursprache des Ostens wird diese positive Strömung mit dem Buchstaben „HA" bezeichnet – was soviel bedeutet wie „SONNE". Die negative Strömung wird mit „THA", dem zweiten Laut, bezeichnet – was soviel heißt wie „MOND". Das Wort YOGA hat einen doppelten Sinn; der eine heißt soviel wie „Verknüpfung", – der zweite entspricht dem Begriff „Joch". „HATHA-YOGA" bedeutet demnach eine vollkommene Kenntnis der Energien, der positiven Sonnen- und der negativen Mond-Energien, ihre Verknüpfung in vollkommener Harmonie und vollem Gleichgewicht, und die Fähigkeit, unbedingt über diese zu herrschen, das heißt die Beugung dieser Energien unter das Joch unseres „ICH". (Yesudian-Haich, „Sport + Yoga".)

Wie erziele ich die tiefste Wirkung? Vergleichen wir die Brennwirkung eines Brennglases. Je klarer die Sonne scheint, je größer die Konzentration des Brennglases, und je vollkommener die Ruhe bei diesem Vorgang, desto intensiver die Wirkung. Dasselbe gilt für alle Yoga-Übungen:

> Je klarer das Bewußtsein („HA"), je größer die Konzentration von „HA" auf „THA" („Materie"), und je vollkommener die innere Ruhe bei diesem Vorgang, desto intensiver und dauerhafter die Wirkung einer Yoga-Übung.

HATHA-YOGA hat sich im Verlauf von Jahrtausenden zu einer umfassenden Wissenschaft entwickelt, vor allem in Indien. Zehntausende verschiedenartiger Übungen entstanden.
Komplizierter werdende Systeme ließen die Gefahr von Fehlerquellen und Entartungen (Fakirtum) stark ansteigen. Um vor Schäden bewahrt zu bleiben, gehe man nach dem Grundsatz vor:

Prüfe alles und das Gute behalte!

Das gilt für die Auswahl eines Buches genauso, wie für die Auswahl eines Lehrers! Wenn kein verantwortungsbewußter Lehrer vorhanden ist, so übe man mit größter Vorsicht! Wie man eine unbekannte Speise erst einmal vorsichtig abschmeckt und in kleinen Mengen probiert, so gehe man auch mit jeder Übung vor!

Das „HA" verhält sich zum „THA" wie der Maler zu seinem Pinsel. Der beste Pinsel kann kein Gemälde malen ohne den Geist des Malers!

RAJA-YOGA

Raja-Yoga – auch „Königlicher Yoga" genannt – ist der Weg der vollkommenen Selbstbeherrschung (Kontrolle aller körperlichen und seelischen Vorgänge durch das Selbst). Der „Reiter" zügelt sinnvoll das „Pferd", das Höhere Selbst lenkt sinnvoll die Kräfte des Tieres (der Leidenschaften, des Triebhaften), und am Ende genießen beide „das Glück dieser Erde auf dem Rücken der Pferde."
Raja-Yoga bedeutet nicht Abtötung, Kasteiung, Vergewaltigung oder Verdrängung, sondern die bewußte Nutzung der „Kräfte des Tieres" für geistige Errungenschaften.

Ein Beispiel aus dem Alltag:
Ein Großvater fährt mit seinem Enkel im Schnellzug. Das Abteil ist voll besetzt. Der Enkel, ein sehr lebhaftes Kind, hüpft unruhig hin und her und beschmutzt mit seinen Schuhen die Kleider der Fahrgäste, deren Empörung sich langsam dem Siedepunkt nähert . . . Nur der Opa bewahrt die Ruhe und sagt hin und wieder: „Ruhe Michael . . .!" „Ruhe Michael . . .!" – Plötzlich platzt einem Gast der „Kragenknopf" und er herrscht den Opa an: „Merken Sie denn nicht, daß Ihr Michael überhaupt nicht auf Sie hört?!" Da antwortet ruhig der Opa: „Sie mißverstehen die Situation! Mein Enkel heißt nicht Michael. Ich heiße Michael!" Opa hatte als Einziger die Zügel in der Hand behalten . . .
Er übte Selbstbeherrschung – RAJA-YOGA.

Näheres über Raja-Yoga: „Raja-Yoga" von Vivekananda, und „Raja-Yoga" von S. Yesudian und E. Haich.

INANA-YOGA

„Ein wenig besser würd' er leben,
hätt'st du ihm nicht den Schein des Himmelslichts gegeben;
er nennt's Vernunft und braucht's allein,
nur tierischer als jedes Tier zu sein . . ."
(Goethes Faust)

Inana-Yoga ist der Weg der ERKENNTNIS (PHILOSOPHIE). So nützlich wie das Licht einer Taschenlampe bei Nacht sein kann, so überflüssig wird es, wenn tagsüber die Sonne scheint.

Ähnlich verhält es sich mit dem „Licht des Verstandes", wenn die „Sonne des Herzens", der EIN-SICHT, der SELBST-ERKENNTNIS aufgeht. Wer Inana-Yoga übt, der überprüft alles; er nimmt nichts an, was nicht mit der eigenen Einsicht in Übereinstimmung zu bringen ist.

Er handelt nach dem Grundsatz:

> „Tue alles hinweg, was nicht Leben gebend ist und das LEBEN bleibt über!"
> „Tue alles hinweg, was nicht göttlich ist und GOTT bleibt übrig!"

Inana-Yoga ist der Weg der Vergeistigung des Verstandes; eine Umwandlung des Denkens; ein Weg, der

> aus der Unwissenheit zum Wissen,
> aus dem Dunkel zum Licht,
> aus der Unbewußtheit zur Erkenntnis,
> zum Endziel, zur Erleuchtung führt.

Näheres über Jnana-Yoga in Vivekananda, „Jnana-Yoga" (2 Bände) und Elisabeth Haichs „Einweihung".

Ein INANA-YOGI ist nicht mehr abhängig von äußerer Wissensvermittlung (durch Bücher oder Lehrer), er versteht aus dem weisesten aller Bücher zu lesen: aus dem „B u c h d e s L e b e n s", das nur inwendig aufgeschlagen werden kann . . .

KARMA-YOGA

Karma-Yoga ist selbstloses Tun, selbstlose Arbeit.

Meine Großmutter war Bäuerin, Mutter von 12 Kindern. Ihr Leben erschöpfte sich in Arbeit von früh bis spät. In ihrem 86jährigen Leben kannte sie weder materiellen Lohn noch Urlaub. Selbst an Sonn- und Feiertagen stopften und strickten ihre Hände. Trotzdem strahlte sie immer Ruhe, Harmonie und heitere Gelassenheit aus.
Was macht ein solches Leben lebenswert?

Befragt darüber, gab sie zur Antwort: „Ich denke mir eben: In Gottes Namen".

**„So schön und einfach ist mein Leben:
Geben, immer nur geben."
(Inschrift eines alten Dorfbrunnens)**

„In Gottes Namen" etwas tun, heißt: In Einheit mit sich selbst und seiner Umgebung sein; in Selbstlosigkeit zum Wohle aller wirken.
Das ist Karma-Yoga.

Großmutter hatte einmal einem Pfarrer gebeichtet, daß Ihre „täglichen Gebete" wegen der vielen Arbeit viel zu kurz kämen. Der Geistliche, ein weiser Mann, gab ihr zur Antwort: „Deine selbstlose Arbeit ist das beste Gebet!"

Ob eine Arbeit als qualvolle Tätigkeit empfunden oder als Selbstverständlichkeit betrachtet wird, hängt ganz von der inneren Einstellung ab. Wenn bei einer Arbeit die ideellen Werte verschwinden und nur noch

„Nichts ist wirklich kostbar auf dieser Welt als das, was schließlich geschieht, nachdem wir redlich unser möglichstes dazu getan haben, daß – je nachdem – die Sache entweder stattfinde, oder oft, daß sie nicht geschähe."
(Teilhard de Chardin)

der Lohn – der Materialismus – alleine zählt, dann darf sich niemand wundern, wenn die Wertarbeit aufhört, wenn die Arbeit fehlerhaft wird, wenn der Mensch krank wird an Leib und Seele, ja, wenn sogar das Kranksein selbst als etwas positives angesehen wird: „man feiert krank!"

„Alles was geschieht, ist anbetungswürdig. Richtig verstanden, faßt dieser Gedanke meine ganze Religion zusammen."
(Teilhard de Chardin)

Ein charakterlich gesunder Mensch wird niemals krank-feiern und sich seine Drückebergerei auch noch bezahlen lassen. Es ist völlig falsch, Bettler und Schmarotzer zu beschenken! Es zeugt weder von sozialer Einstellung noch von christlicher Nächstenliebe, sondern ausschließlich von Dummheit, wenn am falschen Ort und zur unrichtigen Zeit gegeben wird. Man pflegt und nährt lediglich die seelische Krankheit: Bettelei und Schmarotzertum, und, anstatt dem Kranken zu helfen, wieder gesund zu werden, macht man ihn erst recht krank!

„Mit dem Werden eins zu sein, das ist die Lieblingsformel geworden, die Formel meines Lebens."
(Teilhard de Chardin)

BHAKTI-YOGA

Bhakti-Yoga ist der Weg der selbstlosen Liebe, der Weg von der „Liebe der Welt" zur höchsten Gottesliebe.

Franz von Assisi, der Heilige der Liebe, war ein Bhakti-Yogi. Jesus von Nazareth wurde mißverstanden als er sagte: „Ich und der Vater sind eins" (Jh. 10, 30); ebenso Franz von Assisi, als er berichtete, er habe Christus plötzlich nicht mehr am Kreuz gesehen, sondern in seinem Herzen – in sich selbst erlebt.

„Ja, was man so erkennen heißt!
Wer darf das Kind beim rechten Namen nennen?
Die wenigen, die was davon erkannt,
Die töricht gnug ihr volles Herz nicht wahrten,
Dem Pöbel ihr Gefühl, ihr Schauen offenbarten,
Hat man von je gekreuzigt und verbrannt."
(Goethes Faust)

Die selbstlose Liebe frißt gleichsam den Schmarotzer Egoismus auf und verwandelt das Leben. „Vater, nicht mein Wille geschehe, sondern der Deine!" (LK. 22, 42). Das Gebet von Franz von Assisi wandelte sich zum „Sonnen-Gebet". Er erbettelte nichts mehr für sich selbst:

> „Herr, gib, nicht daß ich getröstet werde, sondern daß ich andere tröste, nicht daß ich geliebt werde, sondern daß ich andere liebe . . ."

Sein Gebet endete im schweigenden Gotterlebnis.

Wie Franz von Assisi die Wunden Aussätziger pflegen und ohne Ekel küssen konnte, wie eine Mutter ihr krankes Kind pflegen und küssen kann, deckt die selbstlose Liebe alle Wunden des Lebens heilend zu. Sie macht immun gegen Haß, Ekel, ja sogar gegen ansteckende Krankheiten.

Viele Mythen, Sagen, Märchen, Legenden besingen das Hohe Lied der Liebe.
Eine Bhakti-Yoga-Legende aus dem Osten:

Ein reicher Mann, dem alles Glück der Erde beschieden war, wurde plötzlich vom Unglück verfolgt. Seine Frau wurde ihm genommen, seine Kinder verließen ihn, er verlor allen Besitz und allen Reichtum. Auch seine Freunde verließen ihn.
Nur sein treuer Hund begleitete ihn bis zum Lebensende. Er blieb seinem Herrn in Liebe zugetan, selbst als beide Bettler waren und Hunger leiden mußten.
Mit Fassung trugen sie ihr Elend und landeten schließlich vor der Himmelspforte.
Der Pförtner schaute im Buch des Lebens nach und fand den Namen dieses Mannes.
„Komm herein!" sagte er und aller Glanz des Himmels wurde beim Öffnen der Türe sichtbar.
„Aber ohne Hund! Tiere haben im Himmel keinen Zutritt!"
Da antwortete der Mann ohne Zögern: „Mein Hund ist auch ein Geschöpf Gottes. Es ist das einzige Wesen, das mir ein Leben lang selbst in bitterster Not in Liebe ergeben war. Ich werde ihn nicht verlassen. Lieber verzichte ich auf den Himmel." Er drehte sich um und wollte gehen.
Im selben Moment erschien Gott persönlich und sprach:
„Du hast soeben Deine letzte Prüfung bestanden. Du hättest aus Liebe zu einem Tier sogar auf den Himmel verzichtet. Kommt beide herein!"

(aus dem Mahabharata)

Besonders empfehlenswerte Bücher:
„Die Möwe Jonathan" von Richard Bach.
„Karma-Yoga" und „Bhakti-Yoga" von Vivekananda.
„Die Bhagavad Gita", von Dr. Franz Hartmann

MANTRA-YOGA

Mantra-Yoga ist der Yoga-Weg durch die Kraft des Wortes. Jeder Buchstabe hat seine eigene Schwingung, wie Töne in der Musik. Silben oder Worte sind demnach Akkorde der Sprache.

Im alten Japan nannten sich die Menschen gegenseitig „mikoto", was zu deutsch heißt: „Lebendiges fleischgewordenes Wort". Sie bejahten damit die Menschen als „Kind Gottes".

Mantra-Yoga ist die fast vergessene, von Eingeweihten (Mantra-Yogis) gepflegte Wissenschaft der richtigen Sprachakkorde, die je nach Bedarf zur Weckung bestimmter Fähigkeiten, zur Beruhigung des Gemütes, oder zur Heilung von körperlichen oder seelischen Störungen angewandt wird. Am falschen Ort und zur falschen Zeit gebrauchte Silben und Worte können wie falsche Akkorde Disharmonien, ja sogar Fluch auslösen. Es gibt Mantrams, die den physischen Tod von Lebewesen verursachen können.
In alten Zeiten wußten die Menschen mehr über die Kraft in Buchstaben, Silben und Worten. Sie fühlten das innewohnende Leben, das sich in der Gelehrtensprache Alt-Indiens, dem SANSKRIT, bis zum heutigen Tag in besonders reiner Form erhalten hat. Früher hatte jeder Name seine spezielle geistige Schwingung. Man konnte den Sinn des Namens (Aussagekraft) erkennen.

In der Bibel wird der „Name Gottes" mit den fünf Vokalen I E O U A („Jehova") angegeben. In diesem Buch der Juden und Christen finden sich eine Unzahl von Stellen, in denen auf die besondere geistige Kraft eines Namens hingewiesen wird:

„Sein Name wird sein: EINER" (Za. 14, 9)
„Gepriesen sei sein Name in Ewigkeit" (Ps. 71, 19)
„Ein guter Name ist besser als viel Reichtum" (Spr. 22. 1)
„Und er gab dem Simon den Namen Petrus" (Mk. 3, 16)
„Der Name der Gottlosen verwest" (Spr. 10,7)
„Ich habe dich bei deinem Namen gerufen; mein bist du." (Js. 43, 1)
Jede Taufe erfolgt „Im Namen . . . ". Fast jedes Gebet endet „Im Namen" des Vaters, des Sohnes und des Heiligen Geistes.

Es hat einen tiefen Sinn, daß
(Gold) „Petrus" die Schlüssel zum Himmelreich hat,
(Weihrauch) „Johannes" mit Wasser tauft (Verstand!),
(Myrrhe) „Jakobus" (Fersenhalter, Steigbügelhalter) Symbol für unterste Ebene ist.
„Noah" heißt so viel wie Ruhe. „Jehoshua" Sohn Gottes.

Scharlatane haben es bis zum heutigen Tag mit Erfolg verstanden, ihr meist bruchstückhaftes Wissen auf dem Gebiet des Mantra-Yoga in Macht, Geld und Besitz umzusetzen. Aber es kommen Zeiten, in denen mit der Kraft von Silben, Worten und Namen wieder geheilt wird.
Hier sei lediglich ein Mantram genannt, das mit dem „Amen" der Kirchen nah verwandt ist: Die „heilige Silbe" „OM" (Laut des „Logos", von dem alle Schöpfung ausgeht). Man möge selbst nachprüfen, welch' beruhigende, harmonische, universelle Wirkung von dieser Silbe ausgeht.

Näheres siehe im Buch „Einweihung" von Elisabeth Haich.

DER ACHTGLIEDRIGE PFAD DES BUDDHA

Buddha („Der Erleuchtete") gab seinen Schülern viele Unterweisungen, die mit dem übereinstimmen, was ein halbes Jahrtausend später Jesus von Nazareth („Christus" heißt ebenfalls „Der Gesalbte" „Der Erleuchtete") seinen Aposteln und Jüngern predigte.

Was den Christen die „Bergpredigt", ist den Buddhisten die „Rede des Buddha zu Benares":

„Der achtgliedrige Pfad des Buddha."

Rechte Einsicht	(Erkennen, was Übel ist)
Rechte Gesinnung	(u. a. kein Leid verursachen)
Rechtes Reden	(nicht lügen, lästern, verleumden, schwatzen)
Rechtes Tun	(alles Leben achten)
Rechte Lebensführung	(den Lebensbereich des Nächsten achten u. a. nicht Wuchern, Verrat betreiben)
Rechter Kampf	(der Kampf gegen das Böse in sich selbst; immer positiv sein in Gedanken, Worten und Werken)
Rechte Andacht	(auf allen Ebenen das Wirken Gottes erkennen)
Rechte Geistessammlung	(Die Stufen der Versenkung üben; Meditation).

Über allem aber, sagte Buddha, steht die „herzerlösende Güte", die selbstlose Liebe. Parallelen zu diesem Weg finden sich in allen Religionen.

Näheres im Buch „Der Pilger Kamanita" von K. Gjellerup.

DER ACHTGLIEDRIGE PFAD DES YOGA

nach Samkya (Begründer des Raja-Yoga) und Vivekananda (siehe sein Buch „Raja-Yoga")

Die acht Stufen:

1. YAMA (besteht aus fünf moralischen Geboten für das Leben in der Gemeinschaft)
   a) ahimsa = nicht verletzen (im Denken, Reden, Handeln)
   b) satya = Wahrhaftigkeit (auch sich selbst gegenüber), Wahrheit sollte nicht verletzend sein
   c) asteya = nicht stehlen (in Gedanken, Worten und Taten)
   d) brahmacarya = Geschlechtskräfte beherrschen (= richtig steuern)
   e) aparigraha = Lösung von „Raffwillen" (Gier, Besitz, Wissen, Sammelleidenschaften, u. a. m.)
2. NIYAMA (kennt fünf moralische Gebote zur persönlichen Entwicklung)
   a) sauca = Reinlichkeit (auf körperlicher, seelischer und geistiger Ebene)
   b) samtosa = Zufriedenheit (aber nicht Selbstzufriedenheit!)
   c) topas = Zucht der Lebensführung
   d) svadhyaya = Erforschung der Schriften
   e) iswara pravidhana = Hingabe an den Herrn
      (iswara = Logos = Christus = OM)
3. ASANA = Körperhaltung (im Hinblick auf Lebensentfaltung, Meditation)
4. PRANAYAMA = Atembeherrschung
5. PRATYAHARA = Das Zurückziehen der Sinne von den Dingen der Außenwelt, „Sammlung auf sich selbst"
6. DHARANA = Konzentration, Sammlung, in Ruhe verweilen
7. DHYANA = Meditation
8. SAMADHI = Durchbruch zum Überbewußtsein – Erleuchtung

DER YOGA-WEG „VON ADAM BIS CHRISTUS“

Dem Sinn aller Heiligen Schriften entsprechend zeigt auch die Bibel eine große Zahl von Wegen, die zum Ziel führen. Paulus spricht von einem Weg, der „von Adam bis Christus“ reicht.

„Der erste Mensch, Adam, ward eine lebendige Seele; der letzte Adam ein lebendig machender Geist“ (1. Kor. 15, 45)

„Adam“ heißt nicht nur „Mensch“, sondern auch so viel wie „Staub“, „aus Staub geformt“.

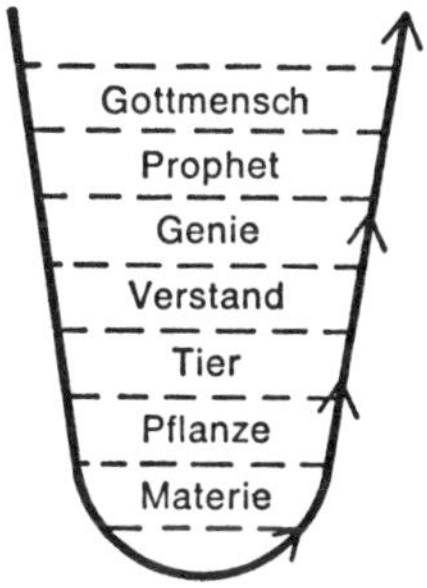

Betrachten wir nebenstehende sieben Entwicklungsstufen: Es fängt mit Materie (Staub) an und hört mit Gottmensch (Christus) auf. Jede höhere Entwicklungsstufe trägt alle niederen Stufen in sich, und hebt das Niedere auf eine höhere Stufe.

„Da ja durch einen Menschen der Tod kam, so auch durch einen Menschen die Auferstehung . . .“ (1. Kor. 15, 21)

Verstehen wir also, warum lt. Bibel der Gottmensch Christus die Welt erlöst. Erleuchtung (= Christus) ist das Endziel aller Yoga Wege. Folglich ist „Christus“ mit Recht der „Erlöser“.

„Oder erkennt ihr euch selbst nicht, daß Christus in euch ist? Wenn nicht, so besteht ihr die Prüfung nicht!“ (2. Kor. 13, 5)

DIE BHAGAVAD GITA

Die Bhagavad Gita wird oft als Krone der Heiligen Schriften Indiens bezeichnet. Wilhelm von Humboldt sagte, daß er Gott danke, weil er ihn habe lange genug leben lassen, um dieses Werk kennen zu lernen.

Selbst ein Skeptiker wie Schopenhauer schrieb („Parerga", II. S. 427): „Es ist die belehrendste und erhabenste Lektüre, die auf der Welt möglich ist; sie ist der Trost meines Lebens gewesen und wird der meines Sterbens sein."

Die Bhagavad Gita erzählt:
„Ardschuna" (der Mensch) steht auf einem Schlachtfeld (Lebenskampf) zwischen zwei Heeren (niedere und höhere Seelenkräfte). Er entdeckt überall Verwandte (Selbstsucht, Dünkel, Begierden) auf der einen Seite, während mächtige Krieger (Wahrheitsliebe, Selbstsicherheit, Gottvertrauen, Selbstbeherrschung) ihm auf der anderen Seite zur Verfügung stehen.

Wie soll er gegen seine „nächsten Verwandten" (Egoismus), „Freunde" (Leidenschaften) und „Lehrer" (Schicksalsschläge) kämpfen? Er verliert den Mut und will aufgeben. Da erscheint KRISCHNA („Christus", das Höhere Selbst) und gibt ihm auf dem Schlachtfeld (das Leben) wunderbare Belehrungen. Auf alle Fragen erhält er einleuchtende Antworten (Erkenntnisse, Einsichten). Der Lebensmut kehrt wieder zurück und er läßt sich durch Krischna zum Sieg führen.

RELIGIONEN SIND YOGA-WEGWEISER

Bei dem Umfang dieses Buches ist es nur in sehr beschränktem Rahmen möglich, die verschiedensten Yoga-Wege aufzuzeigen. Im Grunde genommen gibt es so viele Yoga-Wege wie es Menschen gibt; denn jeder Mensch hat sein eigenes Schicksal, sein eigenes Gewissen, – folglich auch seinen eigenen Yoga-Weg. Nur wer die Stimme des Gewissens nicht beachtet, der „sündigt", der weicht von seinem Yoga-Weg ab.

„Mannigfaltig sind die Wege und Mittel, sich Gott zu nähern, und jede Religion auf dieser Welt stellt einen dieser Wege dar. Beuge dich nieder und sei andächtig, wo andere Menschen niederknien; denn wo so viele Gott anbeten, muß sich Gott der Herr offenbaren; denn er ist allgnädig."
(Rama Krishna)

Alle Religionen und Philosophien zeigen Wege, man könnte sagen: Pauschalwege, die zur Erkenntnis, zum Ziel des Lebens, führen.

Es ist aufschlußreich, daß selbst die Römisch-Katholische Kirche den Begriff „Kirche" seit dem letzten Konzil unter einem Blickwinkel sieht, der „Kirche" (= Gemeinschaft mit Gott) auch auf andere Religionen ausdrücklich ausdehnt, was im Konzilsentscheid vom 29. Oktober 1965 durch Papst Paulus VI. verkündet wurde.

„Andere Religionen, vor allem der Buddhismus, der Hinduismus und der Islam, werden ausdrücklich als ‚große Lehren des Glaubens' anerkannt . . ."
(Konzilsentscheid vom 29. Oktober 1965)

Die „letzte Erkenntnis" ist die Gotteserkenntnis, die Rückverbindung (lat. religio) zu Gott, zur Einheit. Der Wassertropfen (das beschränkte persönliche Bewußtsein) kehrt ins Meer (All-Bewußtsein) zurück, von dem er ausgegangen ist.

„Selbst jene, die im Glauben anderen Göttern dienen, verehren durch ihre Liebe mich allein."
(Bhagavad Gita)

„Wir wissen, daß es sich bei der Religion um eine Sprache der Bilder und Gleichnisse

Werner Heisenberg

handeln muß, die nie genau das darstellen können, was gemeint ist. Es bleibt die Aufgabe gestellt, diesen Sinn zu verstehen, da er offenbar einen entscheidenden Teil unserer Wirklichkeit bedeutet, oder ihn vielleicht in einer neuen Sprache auszudrücken, wenn er in der alten nicht mehr ausgesprochen werden kann."

„Ich kann verstehen, daß ein Mensch zum Atheisten wird, wenn er auf die Erde hinunterschaut, aber wie jemand den Blick zum Himmel emporrichten und sagen kann, es gebe keinen Gott, ist mir unbegreiflich!" (Abraham Lincoln)

„Auch in der Atomphysik reden wir letztlich in Bildern und Gleichnissen, daß ein Elektron so und so läuft . . ., das sind alles Gleichnisse und Bilder, die gar nicht genau stimmen. Aber wir wissen, daß dahinter eine Wirklichkeit steht, die wir in absoluter Präzision mathematisch ausdrücken können und die wir dann durch Experimente auch verifizieren können. Also einfach als Denkmodell schien uns da die Quantentheorie, also die mathematische Formulierung in der modernen Atomphysik außerordentlich nützlich, um auch die Denksituation der Religion besser zu verstehen."

Albert Einstein („Von der Daseinsbestimmung des Menschen")

„Das Schönste, das wir in unserem Leben erfahren können, ist das Mystische, Geheimnisvolle. Hier liegt die Quelle jeder wahren Kunst und jeden echten Wissens. Derjenige, der dieses Gefühl nicht kennt, der nicht von Ehrfurcht ergriffen werden kann, ist so gut wie tot. Seine Augen sind blind. Dieser nach innen gerichtete Blick auf das Mysterium des Lebens ist gleichzeitig, auch wenn er sich mit der Furcht paart, der Ursprung der Religion.

Zu wissen, daß jenes, was für uns unerforschlich ist, wirklich besteht und sich uns in der höchsten Weisheit und Schönheit offenbart, die wir in unserem Menschenverstande nur in ihrer primitivsten Form erfassen können – dieses Wissen, dieses Gefühl liegt im Mittelpunkt jeder wahren Religiosität.

Ich begnüge mich damit, das Mysterium des bewußten Lebens zu betrachten, das sich selbst durch alle Ewigkeit fortsetzt, und über die wunderbare Struktur des Universums nachzudenken, die wir nur dunkel ahnen können, und den bescheidenen Versuch zu machen, nur einen unendlich kleinen Teil jener Intelligenz zu begreifen, wie sie sich in der Natur offenbart."

In bezug auf seine Ideale sagte Einstein: „Diese Ideale, die mir stets vorgeschwebt und mich mit Lebensfreude erfüllt haben, sind Güte, Schönheit und Wahrheit".

SEXUELLE KRAFT UND YOGA

Nach dem Selbsterhaltungstrieb ist der Arterhaltungstrieb die am stärksten wirkende Kraft im Menschen. In seinem Dienst steht die sexuelle Kraft. Sie offenbart sich jedoch nicht nur als körperzeugende Kraft.

Sigmund Freud, der Begründer der modernen Psychoanalyse, sagte: „Alles ist Sexualität". Ihm war bewußt, daß die „Leben zeugenden Kräfte" auf unendlich vielfältige Weise wirksam werden können.

„Sage mir, mit wem Du umgehst, und ich sage Dir, wer Du bist."

Hier steht im Vordergrund:
„W a s i c h e r l e b e, e r z e u g e i c h."

Das hat als Konsequenz: Wer Schwäche erlebt, erzeugt Schwäche. Wer Angst erlebt, erzeugt Angst. Wer Kraft erlebt, erzeugt Kraft. Wer Gesundheit erlebt, erzeugt Gesundheit. Wer Göttliches erlebt, erzeugt Göttliches.

„Ich habe gesagt: Ihr seid Götter!"
(Joh. 10, 34)
Ps. 82,6

Da alle Yoga-Übungen bewußt erlebt werden – sonst sind sie keine Yoga-Übungen – wird folgerichtig Leben gezeugt, auf körperlicher, seelischer und geistiger Ebene. Somit wird durch jede Art von Yoga „sexuelle Kraft" in „Geist-zeugende Kraft" umgewandelt. Erlebnisse sind Geistzeugungen. Aus diesem Grunde führen Erlebnisse (Erfahrungen) zur Über-zeugung, wie die Sprache es richtig ausdrückt.
Ich kann folgerichtig nur das bezeugen, was ich selbst erlebt habe.

Wenn die Katholische Kirche von ihren Priestern verlangt, im Zölibat (in Ehelosigkeit) zu leben, so verlangt sie gleichzeitig von jedem Priester, die sexuellen Kräfte in geistzeugende Kräfte („Geistlicher") umwandeln zu können. Wenn ein Geistlicher diese Fähigkeit nicht besitzt, so wird er entweder die körperliche Sexualität in irgendeiner Form ausleben, oder bei Verdrängung dieser Kraft, Krankheiten (Neurosen) erzeugen.

Ein Fluß läßt sich auf die Dauer nicht zum Stillstand bringen. Am allerwenigsten der Lebensfluß. Aber man kann einen Fluß regulieren, man kann Kanäle abzweigen, Stauseen errichten, Kraftwerke bauen. Auf diese Weise wird die nunmehr gebändigte Kraft keinen Schaden mehr stiften, sondern, im Gegenteil, als großartige Energiequelle vielseitig nutzbar gemacht werden können.

Es liegt auf der Hand, daß es aufgrund menschlicher Schwächen und geistiger Unwissenheit zu allen Zeiten gerade auf diesem Gebiet Unverständnis gegeben hat. Goethe wußte, warum er in seinem Faust sagte: „Du gleichst dem Geist, den Du begreifst."

In der Kunst, in den Religionen, überall gibt es Mißverständnisse, Entartungen, auch im Bereich des Yoga. In der Offenbarung des Johannes, dem letzten Kapitel der Bibel, wird diese Tatsache als „Hurerei" bezeichnet, als „Babylon" (im Gegensatz zu „Jerusalem"). (Besonders aufschlußreich das 17. Kapitel).

YOGA bedeutet:
Vereinigung mit dem Selbst, bedeutet aber auch: Die Wege, die zu dieser Vereinigung führen.

Es hängt also ganz von der Entwicklungsstufe eines Menschen ab, auf welchen Ebenen und Wegen er die Vereinigung lebengebender Kräfte vollzieht.

Wer Sexualität im Sinne von Lustbefriedigung als den Weg zum Glück betrachtet, der wird eines Tages durch Erfahrung belehrt werden.

Wer „Karezza" als Yoga-Weg bezeichnet, wird eines Tages ebenfalls belehrt werden.

TANTRA
= TORA (Moses)
= VEDA (Hinduismus)
= Platos Ideenwelt
= Schöpfung

Wer „Tantra-Yoga" als „Yoga des Sexus" – als sinnlich-körperliches Erlebnis – betrachtet (wie das von einigen Lehrern und Schriftstellern behauptet wird), der weiß nicht, was Yoga in Wirklichkeit bedeutet.

Die großen Yogis aller Zeiten lehrten:
Lerne haushalten mit Deinen Lebenskräften! Verschleudere sie nicht! Verdränge sie nicht! Zerstöre sie nicht! Offenbare sie unter der liebevoll leitenden Hand des Geistes!
Am Ende wirst Du erkennen, warum – um ein Beispiel aus der Bibel zu nennen – Christus der „Himmlische Bräutigam" genannt wird.

C. F. von Weizsäcker in „Biologische Basis religiöser Erfahrung", O. W. Barth-Verlag

„Die Sexualität kann der Evolution in der Fortpflanzung oder in der Steigerung des

Bewußtseins dienen. Aber in gewissen Stufen der Intensität der Bewußtseinsentwicklung reicht sie bei den meisten Menschen, die diese überhaupt erfahren, nicht für beides aus. So entsteht das sinnvolle Ideal der Enthaltung, aber wie es in der katholisch-christlichen Sprechweise heißt, als „evangelischer Rat" für die, denen der Rat entspricht, und nicht als Gebot für alle."
Für Gopi Krishna „ist die Unbegrenztheit der sexuellen Potenz des Menschen (im Gegensatz zu den Tieren) die Schaffung der Nahrung der Evolution."

„Jener, der seine Kräfte nicht vergeudet, sondern sie beherrscht, wird zum Führer der Menschen. Er strömt seinen mächtigen, zeugenden Einfluß über die Menge aus und schreitet voran. Seine Gedanken werden wie Zeugungskraft ins Innerste der menschlichen Gemeinschaft dringen und Männer und Frauen zu Taten des Mutes und der Kraft anspornen. Seine Worte werden erwecken. Seine Taten werden befreien. Und seine bloße Berührung wird einen Menschen verwandeln."

S. Yesudian
„Der Tag mit Yoga"

„Geistige Kräfte sind sublimierte sexuelle Kräfte. Sexuelle Kräfte sind materialisierte geistige Kräfte."

Elisabeth Haich
„Der Tag mit Yoga"

ALCHIMIE – ROSENKREUZER – FREIMAURERTUM

Die „Goldmacher" des Mittelalters, die den „Stein der Weisen" suchten und fanden, waren Wissenschaftler, die auf dem Weg der Naturerforschung die Geheimnisse des Lebens zu erkennen suchten. Sie können als Initiatoren der späteren Naturwissenschaften angesehen werden.

Wie überall dort, wo nach der Essenz des Lebens gesucht wurde, gab es auch bei den Alchimisten große Bewußtseinsunterschiede. Deren geistig hochstehende Gruppen wußten, daß „der Stein der Weisen" nichts anderes darstellte, als die Weisheit – die Wahrheit über das Leben – selbst, und daß „Gold machen" nichts anderes bedeutete, als „geistiges Gold" zu erzeugen mit Hilfe der Erforschung der Materie.

Sie ahnten oder wußten, daß GOTT in allem zu finden war und wandelten durch ihr Forschen und Wirken „Metalle" in „geistige Schätze" um; das heißt: sie erkannten, daß Materie ein Kleid des Geistes ist, folglich, daß über das Erlebnis des Schwingungsfeldes eines Metalles, auch dessen geistige Schwingung erlebt werden kann.
Eine wahrhaft allumfassende Chemie: Die Alchimie.

Den geistig primitiveren Gruppierungen kam es weniger auf geistige Errungenschaften an. Sie erstrebten das materielle Gold und wollten durch chemische Kunststücke Reichtum, Macht und Ansehen gewinnen.

Der ursprüngliche Sinn des Rosenkreuzertums und der Freimaurerei bestand in der Überwindung des Kreuzes durch Suchen, Finden und Verwirklichen der Wahrheit. Da manche ihrer Auffassungen nicht in Übereinstimmung mit denen der oft allzu weltlich herrschenden Religionsführer standen, wurden geheime Bündnisse gegründet, die ihr Wissen an ernsthaft Suchende weitergaben

Man übte und verwirklichte in der Praxis, was man als gut und richtig erkannt hatte. Man „mauerte sich frei". Getreu dem Grundsatz „Wirf Perlen nicht vor die Säue" (Mt. 7,6) sorgten eine ganze Reihe von „Geheimwissenschaften" dafür, daß echtes Wissen („Perlen") nicht unter die blinde, breite Masse verstreut wurde.

Reiche und Mächtige suchten zu allen Zeiten mit Hilfe von Geld oder Gewalt an verborgenes (okkultes) Wissen zu kommen. So kam es immer wieder zu Mysterien-Verrat und zur Verweltlichung der ursprünglichen geistigen Vereinigungen.

Manchmal blieb von den hohen Idealen nicht mehr übrig, als ein Club von Okkultisten oder Reichen.

Das meines Erachtens beste Buch über Okkultismus und Spiritismus: „Der Engel vom westlichen Fenster" von Gustav Meyrink.

TAROT

TAROT – ein viele Jahrtausende alter Yoga-Weg in Bildform.

In den meisten Kulturländern der Welt stößt man seit Jahrtausenden auf Karten, deren bildhafte Darstellungen sich auffällig gleichen: die Tarot-Karten. Unwissende betrieben seit eh und je damit Karten-Spiele oder Kartenschlägerei (primitive Wahrsagerei).

Eingeweihte aller Zeiten wußten jedoch, daß es sich hier um eine Symbol- und Bildersprache handelt, die das Wesen der geistigen Entwicklung und die damit verbundene Schicksalsgestaltung des Menschen bis zur Vollendung veranschaulicht.

Warum Tarot aus 78 Tarot-Karten besteht, warum davon 56 Karten als die „kleine Arcana" und 22 Karten als die „große Arcana" bezeichnet werden, warum letztere 22 Karten eine Art Himmelsleiter darstellen, deren jede Stufe eine Bewußtseinsstufe des Menschen beschreibt, warum diese 22 Karten den Weg des Menschen vom ersten Erwachen bis zum Eintauchen ins göttliche Allbewußtsein, bis zur Einswerdung mit Gott, beinhalten, wie Zahlen und Buchstaben geheimnisvoll ineinander und miteinander wirken, und vieles mehr, findet jeder interessierte Leser im Buch „TAROT" von Elisabeth Haich.

In den beigefügten Tarot-Karten findet der Suchende den Kern aller Religionen, einen Schlüssel zur Selbst- und Gotteserkenntnis. Auch für jeden Christen eine echte Lebenshilfe.

EINWEIHUNG

Es ist mir ein besonderes Bedürfnis, auf das Buch „Einweihung" von Elisabeth Haich hinzuweisen, weil es dem ehrlich Suchenden und geistig Anspruchsvollen eine solche Fülle von (im Rahmen dieses Buches nicht annähernd aufzuzeigenden) Lebensweisheiten veranschaulicht, daß man nur sagen kann, wer Augen hat zu sehen, der sehe, und wer Ohren hat zu hören, der höre!

In diesem in Romanform geschriebenen Buch wird der weiteste Sinn des Wortes „E i n w e i h u n g" offenbar. „Einweihung oder „Initiation" bedeuten so viel wie

> Erkenntnis von Wahrheiten durch Forschung, durch Übung, durch Erfahrung und immerwährende Verwirklichung der gewonnenen Erkenntnisse.

Die ägyptische Sphinx als Titelbild dieses Buches scheint dem Leser zuzurufen, daß man ein Eingeweihter (Initiator) nicht durch Auswendiglernen von Wissen, nicht durch Titel-Verleihung, nicht nach einem Yoga-Lehrgang, nicht durch ein Universitätsstudium, sondern allein durch Zunahme an Reife und Weisheit wird.

„Jesus nahm zu an Weisheit, an Größe und an Gnade bei Gott und den Menschen." (Lk. 2, 52)

MÄRCHEN – MYTHEN – SAGEN

„... wenn ihr nicht umkehrt und werdet wie die Kinder, so werdet ihr nicht in das Reich der Himmel eingehen." (Mt. 18, 3)

Märchen, Mythen und Sagen bieten sich als Fundgrube von Wahrheiten und Lebensweisheiten an. Um sie verstehen zu können, bedarf es nicht eines scharfen Verstandes, sondern eines intuitiven Empfindens, wie es Kindern noch eigen ist.

Hinter Märchen, Mythen und Sagen verstekken sich eine Fülle von Hinweisen, wie letztlich das Gute über das Böse dominiert, wie das höhere Selbst über das niedere Ich siegt.

Als Beispiel: Das Märchen vom Dornröschen.

Die unwissende Seele ohne Selbst-Bewußtsein in Not und Leid. Rettung = Selbsterkenntnis das Höhere SELBST, die selbstlose geistige Liebe erweckt.

Das Dornröschen befindet sich schlafend in einer Dornenhecke.
Als Rettung kommt ein Königssohn, der dem Dornröschen einen Kuß gibt.

Die Befreiung des Dornröschens erfolgt deshalb erst nach dem Kuß, weil Genialität mit Liebe zum Leben gepaart sein muß, um das Leben zu meistern.

AUTOGENES TRAINING

Professor Dr. Dr. I. H. Schultz, der bekannte deutsche Nervenarzt, gab einer von ihm, nach zeitweisem Studium von Yogaliteratur, selbst zusammengestellten Yoga-Methode einen wissenschaftlichen Namen:
„Autogenes Training“, das heißt: aus dem Selbst (griech. Autos) zeugend (Genie, Genesis, Generator) durch Übung (Training). Er nannte seine in kurzer Zeit weltbekannte Methode auch „Konzentrative Selbstentspannung“.

Prof. I. H. Schultz ist es mit dem wissenschaftlichen Namen „Autogenes Training“ gelungen, einen Teilbereich des Yoga für Ärzte und Psychotherapeuten salonfähig zu machen.
Wie viele Entdeckungen und Erfindungen, so ist auch das „Autogene Training“ noch sehr verbesserungsbedürftig (was jedoch das Verdienst von Prof. Schultz nicht schmälert!). Wird es nicht von einem erfahrenen Fachmann angeleitet, ist die Gefahr von Schädigungen sehr groß. Das „Autogene Training“ bedient sich der Macht der Autosuggestion im Zustand der Ruhe und Entspannung.
Es ist „als eine konzentrativ-seelisch-gymnastische Hilfe gedacht“ (Schultz). Die „Oberstufe des Autogenen Trainings“ endet in vollkommener Ruhe (Meditation); „sehr hilfreich ist hier zur Wegfindung die vertiefte Innenschau der Versenkung ...“ (I. H. Schultz)

**Beim Autogenen Training bekommen wir „sehr erhebliche Schwankungen der Blutverteilung. Das äußert sich beim Stirnkühle-Versuch nicht selten in Ohnmacht, Migräneanfällen und dgl., beim Wärmeversuch in Herz- und Gefäßstörungen. Es muß deshalb vor Übungen dieser Art ohne ärztliche Untersuchung und Aufsicht auf das dringendste gewarnt werden; diese Übungen sind gefährlich“.
(I. H. Schultz im „Übungsheft für das autogene Training“).**

YOGA UND PFARRER KNEIPP

Pfarrer Sebastian Kneipp war bis zu einem gewissen Grad ein Yogi, ebenso wie Hippokrates, Demokrit oder Paracelsus. Im Gegensatz zu seinem im gleichen Jahr geborenen großen Zeitgenossen Virchow, der die Ursache einer Krankheit im kranken Organ und in den kranken Zellen suchte, betrachtete Kneipp den Menschen als Ganzes, als Einheit von Leib, Seele und Geist. Er stellte bei seiner Therapie den Menschen in den Vordergrund und nicht, wie Virchow, die äußerlich sichtbare Krankheit.

Kneipps psychologisches Einfühlungsvermögen erfaßte den Patienten in seiner ganzen Konstitution, er durchschaute ihn. So konnte dieser „Wasser- und Säfte-Yogi des 19. Jahrhunderts“ aufgrund seiner Menschenkenntnis und seines mehr intuitiven als akademischen Fachwissens nicht nur den Grundstein für seine persönlichen Heilerfolge legen, sondern auch für die Idee der nach seinem Namen benannten, mittlerweile größten deutschen Gesundheitsorganisation, deren weltweite Entwicklung bis jetzt noch kaum abzusehen ist.

Kneipp lehrte:

> „Im Maße liegt die Ordnung. Jedes Zuviel und Zuwenig setzt anstelle von Gesundheit die Krankheit.“
> „Nichts der Natur abzwingen wollen, sondern ihr an die Hand gehen und sie freundschaftlich stützen.“

Ich wünschte, alle Yoga-Lehrer besäßen die Weisheit dieses Geistlichen.

Kneipp lehrte immer wieder das Wecken der Widerstandskräfte, das Abhärten, das Üben der in der Natur verankerten Kräfte, ohne sie zu überfordern („das Haushalten“, wie er es nannte), die vernünftige Bewegung, und vor allem die Vorbeugung, die einfacher ist als die Heilung.

Sein ganzheitliches Denken, das die Seele nie vergißt, ja sie sogar in den Vordergrund aller Therapie stellt, ist es, das die Lebensarbeit dieses Pfarrers und Naturmenschen so eng mit Yoga verbindet.

Es ist kein Wunder, daß immer mehr Ärzte und Heilpraktiker in Pfarrer Kneipp ein nachahmenswertes Vorbild bei der Bewältigung von Krankheitsproblemen sehen.

> „Im Leben lernt keiner aus.
> Tag für Tag müssen wir durch die
> Schule der Erfahrung gehen und
> selbst am Sterbetag wird man
> noch nicht ausgelernt haben.“
> (Kneipp)

Der Kneipp-Bund e. V. Bad Wörishofen, Verband der Kneipp-Vereine, hat die Anwendung von Yoga in Theorie und Praxis verstärkt in sein Programm mit einbezogen. Auch der Verfasser stellt sich dieser Idee persönlich zur Verfügung.

MEDITATION

„Mein Reich ist nicht von dieser Welt . . .“
(Joh. 18, 36)

Wieviele Äste und Verästelungen ein Baum auch haben mag, sie münden doch alle auf dem Weg von außen nach innen in denselben Stamm ein.
Ähnlich verhält es sich mit den vielen Meditationsmethoden, die letztlich im Zentrum des Seins einmünden.
Um zur Mitte des Seins zu gelangen, bedarf es der Fähigkeit des Loslassenkönnens, des Zurückziehens der Sinne (Gelassenheit) von den Dingen der Außenwelt, ähnlich wie beim Einschlafen.

Meditation ist der bewußt erlebte Tiefschlafzustand, der kaum beschrieben, der nur erlebt werden kann. Es ist ein Zustand der Geistesgegenwart, – des im Jetzt Da-Seins, – der tiefsten Versenkung, – des bewußten in-sich-Ruhens, – des Losgelöstseins von Denken, Fühlen und Wollen, – des hellsten Wachseins (in dem alle Sinne schlafen), – der völligen körperlichen und seelischen Entspannung (Tiefenentspannung), wobei alles Körperliche schläft und nur der Geist hell wach ist, – der vollkommenen Ruhe, – des im Gleichgewicht-Seins, – des Friedens und der Harmonie.

„I n der Welt sein und doch nicht v o n der Welt sein.“

„Halt an! Wo läufst Du hin? Der Himmel ist in Dir. Suchst Du Gott anderswo, Du fehlst ihn für und für.“
(Angelus Silesius, „Cherubinischer Wandersmann“)

Wer könnte den Zustand „i c h b i n“ mit Worten beschreiben?

„In Ruhe und Umkehr werdet ihr befreit, in Stille und Gelassenheit geschieht euer Heldentum (wächst eure Stärke).“
(Jes. 30, 15)

Da die Ursache von Ruhe Gleichgewicht ist, sind alle Meditationsübungen auch Gleichgewichtsübungen.

Für den Körper bedeutet das: Ohne Gleichgewicht keine Meditation. Deshalb Körperhaltungen, die trotz völliger Entspannung das Gleichgewicht garantieren (z. B. Lotossitz, Fersensitz, gerade Sitzhaltung auf einem Stuhl oder im Liegen (SAWASANA = Leichenstellung), wobei im Liegen die Möglichkeit des Einschlafens leicht gegeben ist.

„Wisset ihr nicht, daß ihr Tempel Gottes seid und der Geist Gottes in euch wohnt?" (1. Kor. 3, 16)

Für die Seele bedeutet das: seelisches Gleichgewicht, innere Geradheit (Gelassenheit).

„Gott ist dem Geschöpf inniger inne, als das Geschöpf sich selbst". (Augustinus)

Für den Geist bedeutet das: Ruhe, Friede, Harmonie, SELBST-BEWUSST-SEIN.

Was der Schlaf als Energiequelle für Körper und Seele ist, bedeutet die Meditation für die Entfaltung der geistigen Kräfte (Intuition, Inspiration). Meditationsübungen dienen auch dazu, die innere Ruhe trotz allem äußeren Wirbel zu bewahren.

Auf diese Weise kann Meditation als die größte Energiequelle des Lebens in alle Alltagssituationen hineingetragen werden.

Was immer ich tue, tue ich bewußt, konzentriert, in Ruhe.

Endziel der Meditation ist die Vereinigung des „niederen Selbst" mit dem „höheren Selbst", das „Eingehen in GOTT".

**„Zum Augenblicke dürft' ich sagen:
„Verweile doch! Du bist so schön. Es kann die Spur von meinen Erdentagen, nicht in Äonen untergehn.
Im Vorgefühl von solchem hohen Glück,
Genieß' ich jetzt den höchsten Augenblick."
(Goethe, Faust II. Teil)**

YOGA IM TAGESVERLAUF

Nur der ist ein Yogi,
der die Ideen des Yoga auch im
Alltag verwirklicht.

IN ALLEM POSITIV SEIN!

Was für einen Radfahrer der Rückenwind, ist für das Leben die positive Einstellung, Begeisterung erzeugt den stärksten Rückenwind! Vieles geht dann „wie von selbst“! Negative Einstellung, Widerwillen, Unlust verursachen unnützen Energieverbrauch (Gegenwind!).

Aus der Freude quillt zusätzliche Kraft. Zum Positiv-Sein gehört der Glaube an sich selbst. Er ist das Fundament für das gesunde Selbstvertrauen und für die Selbstsicherheit.

„Ich will“, das sagt der Herr.
„Ich muß“, das sagt der Sklave.
Wenn also etwas zu tun ist, dann will ich das tun!

Positive Menschen sind gesünder, sie haben mehr körperliche und seelische Abwehrkräfte, sie werden leichter mit allen Schwierigkeiten fertig, sie haben in allem mehr Erfolg.

Negative Menschen sind „Giftstreuer“! Sind Totengräber von Erfolg und Leistung.

ÜBUNG:

Kann ich noch mehr Positives einschalten?
Mehr positive Gedanken?
Mehr Freude?
Mehr Selbstvertrauen?
Mehr Harmonie?
Mehr Gleichgewicht?
Mehr Entspannung?
Mehr Gelassenheit?
Mehr Ruhe?
Mehr Konzentration?

AUTOSUGGESTION:

„Ich habe die Kraft, noch positiver zu sein; jede Minute gibt mir Gelegenheit dazu."
„Positive Einstellung wertet alles auf."
„Positive Gedanken säen Gesundheit in Leib und Seele."
„Frohsinn sät eine fröhliche Welt, Trübsinn sät eine traurige Welt."
„Gott hat die Fröhlichen lieber als die Traurigen."
„Mein Leben ist dann am besten verbracht, wenn vielen Menschen ich Frohsinn gebracht."

DAS AUFWACHEN

Wer täglich bemüht ist, beim Aufwachen, noch bevor sich die Augen öffnen, als erstes einen positiven Gedanken zu erzeugen, der wird eines Tages erleben, daß solche Gedanken eine Saat sind, die aufgehen und im täglichen Leben mehr und mehr Früchte tragen.

Wer aufwacht und angesichts eines Regentages als erstes denkt: „Schon wieder ein trister Tag . . .", der braucht sich nicht zu wundern, daß vieles an diesem Tag trist wird und „ins Wasser fällt" . . . –

Positive Gedanken sind Lichtträger des Lebens. Sie reinigen die Seele und die ganze Atmosphäre und bringen Gesundheit und Sonnenschein ins Leben, und ihre Wirkung kann weit in die Zukunft reichen.

„Auch das ist Kunst, ist Gottesgabe, aus ein paar sonnenhellen Tagen sich so viel Licht ins Herz zu tragen, daß, wenn der Sommer längst verweht, das Leuchten immer noch besteht."

(Goethe)

Ü B U N G :

Sofort nach dem Aufwachen
als erstes ein positiver Gedanke:
Einen Gedanken
der Kraft,
des Friedens,
der Gesundheit,
der Harmonie,
des Gleichgewichts,
der Ruhe,
der Freude,
der Schönheit,
des Selbstvertrauens . . .

A U T O S U G G E S T I O N :

„Es soll ein schöner Tag werden."
„Ich habe die Kraft, mein Bestes zu geben."
„Was mich nicht umwirft, macht mich stärker."
„Sollte ich umfallen, steh' ich schnell wieder auf. Schlimm ist nicht das Umfallen, schlimm ist es, liegen zu bleiben."
„Das Beste geben, ist das beste Gebet."

„Was dem Herzen am wohlsten tut, sind hohe Gedanken und Reinheit."
(Goethe)

EIN LANGER ATEM

„Mutig wie zehn Löwen ist der mit langem Atem begabte."
(altes chinesisches Sprichwort)

Der Volksmund sagt, wenn jemand vorzeitig aufgibt: „Dem ist der Atem ausgegangen."

Umgekehrt heißt es, wenn das Kapital nicht ausgeht, wenn jemand lange durchhält: „Der hat einen langen Atem."

Zwischen dem langen Atem des Körpers und dem „langen Atem der Seele" besteht ein enger Zusammenhang.

Wer regelmäßig, öfter am Tag, bewußt atmet, wer in Ruhe seinen langsamen, gelösten, harmonischen Atem erlebt, sammelt auf allen Ebenen – körperlich, seelisch und geistig – im wahrsten Sinn des Wortes Lebenskapital (Prana).

Da die Prana-Aufnahme in erster Linie durch Nasenatmung erfolgt, sollte jeder Yoga-Übende bestrebt sein, die Nasenwege so sauber wie möglich zu halten. Dies geschieht am leichtesten durch Nasenspülungen mit klarem Wasser, die man täglich mehrfach vornehmen sollte.

(Ausführlich hierüber in dem Buch „Sport + Yoga")

Richtiges Atmen verbessert die gute Durchblutung, sorgt für eine natürliche Massage aller durch den Atem bewegten Körperteile und fördert somit die wichtigsten Lebensprozesse. Außerdem bietet es eine vorzügliche Vorbeugung gegenüber vielen Krankheiten und beschleunigt jeglichen Heilungsprozeß.

ÜBUNG:

Bewußtes, entspanntes, verlangsamtes, ruhiges Atmen, stehend, sitzend oder liegend

als Bauchatmung (Nabelgegend und tiefer)

mittlere Atmung (Rippen dehnen sich nach allen Seiten aus)

obere Atmung (durch gründliches Lüften der Lungenspitzen heben sich Schulter und Schlüsselbein)

als vollständige Yogi-Atmung (= die Verbindung der Bauch-, der mittleren und der oberen Atmung in einem harmonischen Atmungsablauf).

AUTOSUGGESTION:

„Atem ist Leben."
„Atem erzeugt Lebensfülle."
„Ein langer Atem ist Lebenskapital."
„Ein langer Atem steht mir immer zur Verfügung, ich brauche mich nur zu bedienen . . ."

ATEMREINIGUNG – BLUTREINIGUNG

Es ist wissenschaftlich leicht nachweisbar, daß schon wenige Vollatmungen genügen, um das Blut von vielen Giftstoffen zu befreien.
Der zivilisierte Mensch nutzt seine Atemkapazität nur etwa zu einem Fünftel aus. Das bedeutet, daß vier Fünftel der verbrauchten Atemluft in den Lungen verbleiben, wodurch Giftstoffe im Blutkreislauf und damit im ganzen Körper verteilt werden.

Der Yoga-Übende ist sich bewußt, daß der Körper um so mehr Abwehrstoffe und Widerstandskräfte und um so weniger Giftstoffe erzeugt,
je freudvoller die Stimmung ist,
je heiterer das Gemüt ist,
je positiver seine Gedanken sind,
je gelassener sein Wesen ist,
je mehr er sein Gleichgewicht und
seine innere Ruhe bewahrt.

In der Bibel steht nicht umsonst:
„Selig, die reinen Herzens sind!" (Mt. 5, 8)
„Reinige zuerst das Inwendige, auf daß auch das Auswendige rein werde!" (Mt. 23, 26)

Je weniger Giftstoffe in Körper und Seele erzeugt werden, desto geringer die Belastung aller Lebensprozesse, aller Organe, und desto strahlender die Gesundheit.

ÜBUNG:

Ich atme tief durch die Nase ein ... (dabei möglichst beide Arme hochstrecken!) dann plötzlich durch den Mund ausatmen ...! (wie ein tonloses „Ha". Wenn möglich, bei der Ausatmung den Körper locker beugen! Ein paarmal diese Atmung wiederholen!) Oder Stoßatmungen durch die Nase.

AUTOSUGGESTION:

„Ich nehme viel Kraft auf." (beim Einatmen)
„Ich öffne mich allem, was Leben gibt."
„Ich stoße alles Negative ab." (beim Ausatmen)
„Reines Blut durchströmt den ganzen Körper."
„Überall Leben und Gesundheit!"
„Reinheit erzeugt Schönheit."
„Reinheit erzeugt Freude."
„Reinheit erzeugt Lebensfülle."
„Ich sorge für Klarheit in allen Lebenslagen."

DAS AUFSTEHEN

L a n g s a m . . . über die rechte Seite sich aufrichten! Warum langsam?

Im Liegen wirken sich physikalische Gesetze (Anziehungskraft der Erde, Gravitationsgesetze) auf den Körper anders aus als im Stehen.
Wer sich zu plötzlich aufrichtet, wer die linke Seite zu stark belastet, wer zu plötzlich aus dem Bett springt, übt auf Herz und Kreislauf eine Schockwirkung aus, weil er dem Körper zu wenig Zeit läßt, sich auf die neue Situation einzustellen.

Dies kann eine Kettenreaktion auslösen: Schwindelgefühl –, erhöhter Blutdruck –, Schwankungen im Herzrhythmus –, Dystonien (abnorme Spannungszustände von Muskeln und Gefäßen, falsche Steuerung des vegetativen Nervensystems).
Daraus können Auswirkungen im psychischen Bereich entstehen, wie Disharmonie –, schlechte Laune –, sich bedrückt fühlen.

Das hat wiederum zur Folge:
Streitigkeiten, geminderte Arbeitsleistung, berufliche und sonstige Mißerfolge.

Treffend heißt es in der Umgangssprache: „Du bist wieder mal mit dem linken Fuß zuerst aus dem Bett gestiegen“. (Du hast schon beim Aufstehen negative Kräfte in Bewegung gesetzt).

ÜBUNG:

Langsam . . . über die rechte Seite sich aufrichten (dies gilt auch nach kürzesten Ruhepausen!).

AUTOSUGGESTION:

„Ich richte mich langsam – in Ruhe auf."
„Ich stehe mit beiden Beinen fest auf der Erde".
„Ich entwickle meine Kräfte im rechten Sinne".

ANSPANNUNG – ENTSPANNUNG

Beobachten wir einen Hund oder eine Katze, wenn sie sich nach einer Ruhepause wieder aufrichten, dann sehen wir deutlich ausgiebige Streckübungen in Verbindung mit einem tiefen Durchatmen (Gähnen!).

Der Yoga-Übende beherzigt das Goethe-Wort:

> „Und wenn Natur dich unterweist, dann
> geht die Seelenkraft dir auf . . ."

und verwirklicht das bewußt, was Tiere instinktiv richtig machen.

Der Körper will durch Anspannung und Entspannung immer wieder aufs neue belebt werden!
Ein Leistungssportler kann nur dann Höchstleistungen erzielen, wenn sein Training in einem gesunden Verhältnis von Anspannung und Entspannung steht.

Das gilt für jeden Menschen! Nicht nur im körperlichen, sondern auch im seelischen und geistigen Bereich.

„Was rastet, das rostet."

Nicht die Anspannung, die Leistung, macht den Menschen krank, sondern das Mißverhältnis zwischen Anspannung und Entspannung.

„Sich regelmäßig entspannen ist das Geheimnis eines langen Lebens".
(Churchill an seinem 80. Geburtstag).

ÜBUNG:

Strecken im Liegen oder im Stehen:
linke Körperseite strecken von Finger – bis Zehenspitzen (dabei einatmen!) . . . dann entspannen (dabei ausatmen!) . . . dann dasselbe mit der rechten Körperseite wiederholen.

Diese Übung mehrmals täglich je drei- bis fünfmal ausführen!

AUTOSUGGESTION:

„Recken und strecken erhält frisch und gesund."
„Je größer die Anspannung, desto intensiver die Entspannung!"

YOGA-HALTUNGEN „ASANAS“

Hunderte von Yoga-Büchern zeigen Tausende von Yoga-Haltungen (Asanas).
Hier sei besonders erwähnt:
Jede Yoga-Haltung, jede Yoga-Übung, die verkrampft ausgeführt wird, zieht schädliche Wirkungen nach sich. Mit anderen Worten: Gesunde Anspannung, ja! Verkrampfung, Überdehnung, nein!

„Allzu straff gespannt zerspringt der Bogen“

Ein Klavierspieler z. B. benutzt beim Spiel oft alle Kraft und Dynamik des Körpers und dennoch kann er körperlich und seelisch gelöst sein.

Wichtiger als die äußere Exaktheit einer Yoga-Übung ist, daß jede Haltung bewußt ausgeführt und von innen her, konzentriert in Ruhe, erlebt wird (daher möglichst mit geschlossenen Augen üben!).

Jede Übertreibung – auch bei den Yoga-Übungen – ist schädlich.

Anfangs sollte möglichst unter Anleitung eines verantwortungsbewußten Lehrers geübt werden.

„Sei mit Vorsicht – waghalsig!“
(Yoga mimamsa)

ÜBUNG:

Siehe auch in den Büchern „Sport + Yoga“ und „HATHA-YOGA Übungsbuch“.

„Ich bin das Brot des Lebens . . .“
Diese Worte der Bibel (Joh. 6, 35, 41, 48, 50) und die weitere Erläuterung (Joh. 6, 63): „Der Geist ist es, der lebendig macht; das Fleisch nützt nichts . . .“, möge der Yoga-Übende bei jeder Übung beherzigen.
Ohne bewußtes Erleben – ohne den „Funken Gottes“ – ohne „HA“ – gibt es kein Yoga! Kein lebendig werden! Auch HATHA-YOGA ist „geistdurchtränkt“.

AUTOSUGGESTION:

„Der Geist (HA) ist immer stärker als der Körper (THA).“
„Der Körper tut gerne, was der GEIST ihm befiehlt.“
„Kraft und Gesundheit im Körper und in der Seele.“
„Ein gesunder Geist in einem gesunden Körper“.
„GEIST (△) und Materie (▽) in Harmonie“

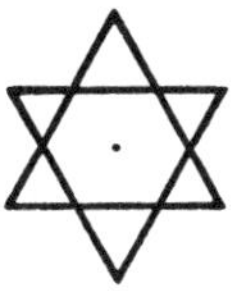

BEWUSSTSEINSLENKUNG

Bismarck sagte auf der Höhe seines Ruhmes nach seinem Erfolgsrezept befragt: „Ich habe nie zwei Hasen gleichzeitig geschossen!"
Ein afrikanisches Sprichwort drückt dieselbe Wahrheit aus: „Eine Hyäne, die gleichzeitig zwei Gazellen jagt, bekommt eine hungrige Nacht".

Vermeiden wir jede Zerstreutheit! Denken und arbeiten wir konzentriert! Je bewußter wir alle Vorgänge lenken, umso mehr Sinn erhält unser Leben. Das Bewußtsein dehnt sich immer mehr aus, die Materie wird belebter, weil sie unter die sinnvolle Lenkung des Geistes kommt, – mehr Selbstsicherheit, – mehr Erfolg, – mehr Freude am Leben, – mehr Gesundheit, wird die Folge sein.

Ein Yogi tut alles, was er tut, bewußt. Er denkt, fühlt und handelt bewußt. Er atmet bewußt, er ißt bewußt, er arbeitet bewußt. Er gestaltet sein ganzes Leben in Einklang mit den Naturgesetzen. Das ist „Bewußtseinslenkung" im weitesten Sinne.

„Erfüllet die Erde und macht sie euch untertan!" (1. Mos. 1, 28)

ÜBUNG:

Ich atme bewußt,
ich gehe bewußt,
ich esse bewußt,
ich handle bewußt.

AUTOSUGGESTION:

„Was immer ich tue,
tue ich bewußt,
konzentriert,
in Ruhe . . .“

TIEFENENTSPANNUNG

„Verausgabung"
„Kraftentfaltung"

Jedes Denken, jedes Sprechen, jedes Tun ist mit Anspannung und daher auch mit Energieverbrauch verbunden.

Ohne Kraftentfaltung keine Leistung! Es ist deshalb wichtig, darauf zu achten, immer im Vollbesitz der Kräfte zu sein.

Die Tiefenentspannung dient der Schnellaufladung unserer „Lebensbatterie".

Drei wesentliche Voraussetzungen führen zur Tiefenentspannung, deren Endphase in Meditation einmündet:

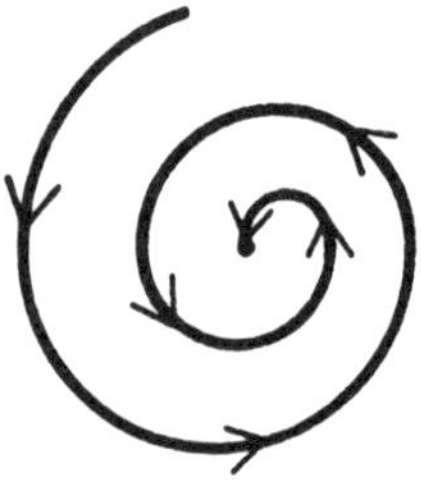

„Sammlung" – „Innesein"
„Kraftaufladung"

1. Entspannung des Körpers (Lockerung) und der Seele (Gelassenheit),
2. Atemberuhigung (ein gelöster, langer, ruhiger Atem),
3. Gedankenberuhigung (Versenkung).

Tiefenentspannung kann im Liegen (im Yoga SAWASANA = Leichenstellung genannt), wie im Sitzen ausgeführt werden. Die idealste Sitzhaltung ist der „Lotos-Sitz", ersatzweise „Schneidersitz" oder der „Fersensitz". Es ist darauf zu achten, daß die Sitzhaltungen frei von jeglicher Verkrampfung sind und die Wirbelsäule gerade gehalten wird. Sie „ruht in sich selbst".

ÜBUNG:

Mehrfach täglich, besonders auch vor den Mahlzeiten, die drei Phasen der Tiefenentspannung üben:

1. Entspannung des ganzen Körpers (Lockerung) und der Seele (Gelassenheit)
2. Atemberuhigung (der Körper atmet wie im Tiefschlaf)
3. Gedankenberuhigung (Zeuge der Ruhe sein . . ., Versenkung)

Die „Rückkehr zur Aktivität" geschieht wie folgt:

4. Bewußtes Einschalten der Gedanken (z. B. über Ruhe, Harmonie, Gleichgewicht nachsinnen)
5. Bewußt wieder den Atem erleben (völlig gelöst, einen langen, ruhigen Atem erleben)
6. Bewußt wieder den Körper erleben (durch kurzes Anspannen und Entspannen).

AUTOSUGGESTION:

zu 1. „Ich entspanne alle Körperteile, von den Zehen bis zum Kopf." „Wie ein Wanderer bei der Rast seinen Rucksack ablegt, so lege ich jetzt alle Probleme zur Seite." „Wie schön, frei zu sein!"

zu 2. „Mein Atem ist gelöst . . ., harmonisch . . ., frei . . ., langsam . . ., ruhig . . ., wie im tiefen Schlaf . . ."

zu 3. „Meine Gedanken beruhigen sich . . ., sie ziehen vorbei, wie die Wellen eines Flusses . . ., ich bin nur noch Zuschauer . . ., Zeuge der Ruhe . . ., die Ruhe selbst . . ."
Ruhe

zu 4. „Im Mittelpunkt eines sich drehenden Rades ist Ruhe.
Wie schön, in der Mitte des Lebensrades zu sein!"

zu 5. „Ein langer Atem in allen Bereichen ist immer da!"

zu 6. „Kraft, Leben, im Körper und in der Seele."
„Jetzt bin ich frisch und gesund!"

DER WEG ZUR ARBEITSSTÄTTE

Viele Menschen müssen weite Strecken bis zu ihrem Arbeitsplatz zurücklegen. Nicht wenige sind schon mehr oder weniger erschöpft, wenn sie am Ziel ankommen:
Die Hetzjagd, überfüllte Verkehrsmittel, Unfreundlichkeit der Verkehrsteilnehmer, Sensationslektüre und dergleichen mehr, zerren an den Nerven.
Die Folgen davon: Konzentrationsmangel, verminderte Arbeitsleistung, schlechteres Betriebsklima, gereizte Stimmung, Nervosität, oder sonstige gesundheitliche Störungen.

Wir können hier von den Japanern vieles lernen. Sie lassen sich trotz des Massenandranges nicht aus der Fassung bringen und sind deshalb am Arbeitsplatz sofort voll einsatzfähig. Statistiken besagen, daß in den meisten westlichen Ländern die volle Arbeitsleistung erst etwa eine halbe Stunde nach Arbeitsbeginn erreicht wird.

Der bewußte Mensch wird mit solchen Schwierigkeiten leicht fertig; denn er weiß, wie man die Ruhe bewahren kann. Hierzu ein Beispiel: Hält mich eine rote Ampel auf, so frage ich mich sofort: „Wird die Ampel schneller grün, wenn ich mich jetzt ärgere, wenn ich jetzt ungeduldig werde?"
„Wozu also sinnlos wertvolle Energien verschleudern?"

„Die Arbeit hält drei große Übel fern: Die Langeweile, das Laster und die Not."
(Voltaire)

Jetzt eine schöpferiche Pause!

ÜBUNG:

In allen Situationen die Ruhe bewahren . . .

Tritt eine negative Situation ein, dann sofort bewußt Ruhe erleben, ruhig und entspannt durchatmen, auf alles positiv reagieren.

So kann der Weg zur Arbeitsstätte ein Yoga-Weg sein.

AUTOSUGGESTION:

„Eile mit Weile!“
„Ich bin in allem positiv.“
„Ich bewahre in allem die Ruhe.“
„Es hängt allein von mir ab, ob ich aus einem „Irr-Weg“ einen „Yoga-Weg“ mache.“

DIE ARBEIT

Was immer ich tue, tue ich sinnvoll, konzentriert, in innerer Ruhe und positiver Einstellung.

Erkenne bei jeder Arbeit den tieferen Sinn! Erst dann bekommt die Arbeit ihren geistigen Wert. Erst dann wird sie zur Wertarbeit.
Eine sinnlose Tätigkeit ist nicht wert, daß sie getan wird.

Selbst Alltags- und Routinearbeiten (wie das Putzen oder Geschirrspülen) gehen wieder leichter von der Hand, wenn der positive Effekt vor Augen geführt wird (die Freude am schönen und sauberen Wohnen; das angenehme Gefühl, von reinem Teller und mit reinem Besteck zu essen).
Die Freude an einer Arbeit geht schnell verloren, wenn ihr eigentlicher Sinn nicht bewußtgemacht wird.

Schwere und unangenehme Arbeiten immer zuerst erledigen! Es erfüllt jeden Menschen mit Genugtuung, auf eine Leistung zurückblicken zu können. Wie schwer ist es dagegen, einen „Berg" vor sich herzuschieben! „Der Weg zur Hölle ist oft gepflastert mit guten Vorsätzen", sagt zu Recht ein altes Sprichwort.

ÜBUNG:

Ich gebe jeder Tätigkeit einen Sinn.
Konzentration, –
positive Einstellung, –
innere Ruhe, –
bei jeder Arbeit!

AUTOSUGGESTION:

„Ich freue mich, eine gute Arbeit zu leisten."
„Ich arbeite konzentriert."
„Freude, Kraft und Ruhe sind meine besten Helfer und Begleiter."
„Was ich tue, tu' ich ganz,
in der Halbheit liegt kein Glanz."

DIE SCHÖPFERISCHE PAUSE

Jede Tätigkeit kostet Kraft. Durch die schöpferische Pause werden neue Energiereserven geschaffen.

„Jede Zukunft ergibt sich aus der Gegenwart. Also ist die einzige mögliche Lösung: Sorge, daß der Augenblick ergiebig, fruchtbar, zukunftsträchtig wird, und lebe Schritt für Schritt im Zusammenhang des objektiven Geschehens!" (aus „Schöpferisches Leben" von Johannes Müller)

Unter „schöpferischer Pause" verstehe ich zunächst nicht eine mehr oder weniger lange Arbeitsunterbrechung, sondern vielmehr ein oft nur Sekunden andauerndes Sich-Entspannen, ein Abschalten, ein Ruhe-Erlebnis, in Verbindung mit ein paar ruhigen, gelösten Atemzügen.

Ruhe ist die größte Energiequelle. Die schöpferische Pause ist ein Garant für eine gute Leistung, ohne daß dabei letzte Kraftreserven angezapft werden müssen. Eine volle Batterie kann ohne Gefahr auch voll belastet werden.

Wie der Wanderer bei jeder Rast seinen Rucksack ablegt, so sollten auch wir bei jeder schöpferischen Pause unseren Ballast zur Seite legen!

„Den Augenblick immer als den höchsten Brennpunkt der Existenz, auf den die ganze Vergangenheit nur vorbereitete, ansehen und genießen, das würde Leben heißen!" (Hebbel, Tagebücher, 23. 4. 1842)

Wie der Wanderer bei jeder Rast „abschaltet" . . ., Strapazen und Mühsal vergißt und nur noch Entspannung, Schönheit und Ruhe genießt und dadurch neue Kräfte sammelt . . ., so sollten auch wir uns dem Augenblick hingeben und uns nicht mit sorgenvollen Gedanken an Vergangenes oder Zukünftiges belasten!

ÜBUNG:

Jetzt nehme ich mir Zeit, mich voll zu entspannen, von Kopf bis zu den Zehen. –
Wie ein Bergsteiger beim Ausrasten seinen Rucksack ablegt, so lege auch ich jetzt allen Gedankenballast zur Seite. –
Jetzt ein ruhiger . . ., gelöster . . . Atem . . .

AUTOSUGGESTION:

„Ruhe gibt Kraft und Wohlbefinden."
„Entspannung schafft Energie und Erfolg."
„Jede schöpferische Pause erfüllt mich mit neuem Leben."
„Wie schön, frei zu sein!"

DIE MAHLZEITEN

Allzu selbstverständlich gehen die Menschen über die großen Wunder des Lebens hinweg, vor allem dann, wenn sie sich alltäglich ereignen. Wer denkt schon darüber nach, was geschieht, wenn wir essen und trinken?

Was auch immer wir zu uns nehmen, es wird mit Hilfe der wohl kompliziertesten chemischen Fabrik der Erde – unseres Verdauungsapparates – zerlegt, umgewandelt und neu aufgebaut in menschliche Lebenssubstanz. Viele Krankheiten entstehen, weil der Mensch zu wenig Muße hat bei den Mahlzeiten, weil er sich zu wenig Zeit nimmt, weil er seine schlechte Laune, seine Disharmonie und Unruhe gleichsam als „Gäste" mitspeisen läßt.

Wer schon beim Frühstück mit jedem Schluck Kaffee auch einen „Schluck Sensationslektüre" zu sich nimmt, darf sich nicht wundern, wenn es dann auch in seinem Verdauungsapparat sensationell oder „kriminell" zugeht.

Alle Religionen empfehlen Tischgebete, weil eine kurze Besinnung in Verbindung mit positiver Einstellung die beste Garantie für die Bekömmlichkeit einer Speise bietet. Weniger der Substanzgehalt einer Nahrung, vielmehr die ruhige, heitere und gelöste Gemütsverfassung bestimmen die Verwertbarkeit der Speisen.

ÜBUNG:

Vor jeder Mahlzeit: Tiefenentspannung oder wenigstens eine kurze Entspannung mit Atemreinigung.
Bei jeder Mahlzeit: Ruhe, gelassene und heitere Stimmung.

Morgens wie ein Fürst, –
Mittags wie ein Bürger, –
Abends wie ein Bettelmann. –

AUTOSUGGESTION:

„Nahrung ist Leben"

Nachsinnen über die Bibelworte:
„Ich bin das Brot des Lebens"

(Joh. 6, 35, 41, 48, 50)

„Nicht vom Brot allein lebt der Mensch, sondern von jedem Wort, das aus dem Munde Gottes kommt"

(Mt. 4, 4; Lk. 4, 3)

„Gib uns heute unser tägliches Brot . . ."

(Mt. 6, 11; Lk. 11, 3)

SPRECHE ICH . . .? ODER SCHWATZE ICH . . .?

„Prüfe, was du denkst! Wisse, was du sagst!“

Wenn die Menschen ihre Gespräche auf Tonband aufnehmen und abends nochmals überprüfen würden, so dürfte die Feststellung nicht schwerfallen, daß neben manchem Notwendigen und Sinnvollen auch viel Nutzloses und Unwichtiges geredet wird. Unter „schwatzen“ verstehe ich alle unwichtigen, sinnlosen und negativen Worte.

„Reden ist Silber, Schweigen ist Gold.“

„Reden“ = Verausgabung von Energie, „Schweigen“ = Sammlung von Energie. Wenn also „reden“ gleich Energieverbrauch ist, so wird der bewußte Mensch darauf achten, mit seinen Energien hauszuhalten. Er wird alles Schwatzen vermeiden und sein Denken und Reden kontrollieren.

„Man sollte alle Tage wenigstens ein kleines Lied hören, ein gutes Gedicht lesen, ein treffliches Gemälde sehen, und, wenn es möglich wäre, einige vernünftige Worte sprechen.“ (Goethe)

Zum „Schwatzen“ gehört Nörgeln, Zerreden, „nach dem Munde reden“, Bekritteln, üble Nachrede führen, Gerüchtemacherei, geistloses Plappern, kritikloses Nachplappern, „Besserwisserei“, fruchtloses Diskutieren, Rechthaberei, und alles dumme Gerede, das nie nützt aber oft schadet.

Im Volksmund sagt man, „jemanden madig reden“, was so viel bedeutet wie: „Jemand durch vieles Schwatzen mürbe machen“. Der Schwätzer macht „madig“, er zermürbt, er schadet sich selbst und seiner Umgebung. Schwatzen liefert schließlich den Nährboden, auf dem die Giftpflanzen der Heuchelei und Lüge, der bösartigen Gerüchte, des Rufmordes und des Hasses gedeihen.

Gedanken und Worte sind Saaten die aufgehen und Früchte tragen: Früchte des Lebens oder Früchte des Todes.

ÜBUNG:

Ich prüfe mich ständig, ob ich spreche, oder ob Schweigen sinnvoller wäre.
Ich bemühe mich um Klarheit des Ausdruckes.
Ich bemühe mich um Klarheit der Sprache. (Die Sprache ist dazu da, um mich klar verständigen zu können, nicht um Mißverständnisse zu erzeugen).

AUTOSUGGESTION:

„Was ich sage, verantworte ich."
„Was ich sage, ist klar und wahr."

FEIERABEND

„Laß die Toten ihre Toten begraben ... Du aber folge mir nach!" (Mt. 8, 22; Lk. 9, 60)

Feierabend – die Zeit nach der Tagesarbeit. Schon der Name „Feierabend" sagt, daß der Tagesausklang gefeiert werden sollte! Wer unter „feiern" allein Selbstbetäubung durch Alkohol, durch lärmende Vergnügung, durch Freizeithetze, durch kritikloses Konsumieren des Angebotes unserer Massenmedien versteht, ist geistig tot.

Der bewußte Mensch wird unter „feiern" mehr verstehen. Er wird den Feierabend dazu benützen, um nach der harten Tagesarbeit noch mehr Gleichgewicht, – noch mehr Harmonie, – noch mehr Entspannung, – noch mehr echte Freude zu finden. Er wird seine Freizeit so gestalten, wie sie seiner positiven Lebenseinstellung entspricht, um sich einen Ausgleich zur oft einseitigen beruflichen Arbeit zu schaffen.

Der Yoga-Übende will keine Selbstbetäubung, sondern „Selbst-Entwicklung."

„Schön ist, was wahr und gut ist,
Gut ist,
was schön und wahr ist,
Wahr ist,
was schön und gut ist."
(aus „Der Tag mit Yoga" von Elisabeth Haich und S. R. Yesudian)

Die „KRÄFTE DES SELBST" entwickeln sich durch Hingabe an alles Schöne, Gute und Wahre.

Der geistig wache Mensch findet ungezählte Möglichkeiten, um aus dem Abend einen Feierabend zu machen.

ÜBUNG:

Ich suche und verwirkliche Hobbies, die mein Leben harmonisieren und bereichern.

AUTOSUGGESTION:

„Ich gestalte den Abend zum Feier-Abend."

PÜNKTLICHKEIT

„Bester Beweis einer guten Erziehung ist die Pünktlichkeit."
(Gotthold Ephraim Lessing)

Vorträge, Konzerte, Veranstaltungen vielseitiger Art können den Feierabend bereichern.
Warum aber beginnen viele Veranstaltungen mit einer Viertelstunde Verspätung?
Warum nennt man diese Viertelstunde „akademisches Viertel"?
Ist Unpünktlichkeit etwa „akademisch"?

Man kann die Welt nur verbessern durch Vorangehen mit gutem Beispiel.

Zur Selbstbeherrschung gehört auch die Pünktlichkeit, die Beherrschung der Zeit. Daher zu Recht das Sprichwort: „Pünktlichkeit ist die Höflichkeit der Könige."

Die „Magier", die „Weisen aus dem Morgenlande" werden nicht zuletzt als „Heilige Drei Könige" gefeiert und verehrt, weil sie durch Einsicht und Geisteskraft als Herrscher über Zeit und Raum pünktlich zur „rechten Zeit am rechten Ort" waren . . . –

Von den „Sieben Geißlein" wird im Märchen nur eines nicht vom „Wolf" gefressen, das im „Uhrkasten" sitzt (das die Zeit beherrscht!).

Ü B U N G :

Ich bemühe mich
Zeit zu haben,
die Zeit zu beherrschen (= Geduld),
bei allem pünktlich zu sein.

A U T O S U G G E S T I O N :

„Ich beherrsche die Zeit“
„Ich habe Geduld“
„Ich bin pünktlich“

VOR DEM EINSCHLAFEN

„Ein gutes Gewissen ist ein sanftes Ruhekissen".
Ist dieses Sprichwort wahr, dann muß das gute Gewissen mitentscheidend für einen gesunden Schlaf sein.
Wer unter „gutem Gewissen" lediglich versteht, daß er keine groben Fehler gemacht hat, wird den Sinn dieses Sprichwortes kaum begreifen können.
Ein „gutes Gewissen" setzt Harmonie im seelischen Bereich voraus. Die Harmonie der Seele mündet letztlich in die Ruhe des Geistes.

Deshalb empfehle ich jedem Yoga-Übenden vor dem Einschlafen oder vor der Meditation das zu üben, was in den vorherigen Kapiteln („Tiefenentspannung" und „Die schöpferische Pause") weitgehend erläutert wurde.
Hier sei noch hinzugefügt, daß wir einen gesunden Schlaf (und eine echte Meditation) nur dann erreichen, wenn wir die beiden Balken des Kreuzes „Zeit und Raum" loslassen. Dazu gehört das Verzeihenkönnen" (das Loslassen des Vergangenen); und gesundes Selbstvertrauen (Gottvertrauen), das uns befähigt, von den Sorgen um die Zukunft loszukommen.
Denn alles was kommt – ob Freud ob Leid – es ist immer das Beste . . . und dient dem einen Ziel:

SELBST-VERWIRKLICHUNG.

ÜBUNG:

Gewissenserforschung
(Ich überprüfe mein Tagwerk,
ich mache einen Schlußstrich unter alles Vergangene,
ich schaffe Frieden und Harmonie
mit mir selbst
und mit meiner Umgebung.)

Tiefenentspannung.

AUTOSUGGESTION:

„Wir alle sind Kinder Gottes"
„Mein wahres Wesen ist frei"
„Friede ... Ruhe ..."

YOGA -
FÜR ALLE ALTERSSTUFEN

Der Sinn des Lebens – der Sinn des Yoga besteht darin, unser wahres Wesen zu entfalten.

„Der Mensch lebt nicht vom Brot allein, sondern von jedem Wort, das durch den Mund Gottes ausgeht."
(Mt. 4, 4)

YOGA UND „WIR WOLLEN EIN KIND“

Die Religionen stimmen darin überein, daß der Mensch ein Kind Gottes ist, daß der menschliche Geist göttlicher Abstammung ist, also kein Produkt der leiblichen Eltern (die bestenfalls die Hülle für den Geist erzeugen können).

In der Yoga-Philosophie ist diese Wahrheit seit jeher bekannt.
Noch heute ist in Indien ein Brauchtum lebendig, wonach sich die künftigen Eltern systematisch durch äußerliche und innerliche Läuterungs- und Reinigungsprozesse auf die Zeugung von Nachkommenschaft vorbereiten.
(Näheres in dem Buch „Selbsterziehung durch Yoga“ von Selvarajan Yesudian).

Diese Menschen leben und handeln in der Überzeugung, daß sich ein solcher Geist als ihr künftiges Kind verkörpern wird, der ihrem Charakter-Zustand zum Zeitpunkt der Zeugung entspricht.
Unter dem Gesichtspunkt dieser Philosophie findet die sich noch in der Entwicklung befindliche, moderne Vererbungslehre neue Aspekte ... –

Bücher zu diesem Thema:
„Der schlafende Prophet“
„Wir leben nicht nur einmal“
„Erregende Zeugnisse ...“

E i n b e w u ß t e r M e n s c h wird Nachwuchs nur im Zustand körperlicher und seelischer Gesundheit zeugen.

YOGA UND SCHWANGERSCHAFT

Gibt es eine engere Verbindung zwischen Mutter und Kind als zur Zeit der Schwangerschaft?

Schon im alten Indien erkannte man, daß der Keim zu manchen körperlichen und seelischen Erkrankungen bereits im Zeitraum der Schwangerschaft gelegt wird.
Aus diesem Grunde gestaltete man der werdenden Mutter die Zeit der Schwangerschaft so schön und harmonisch wie möglich.

Nicht rauchen! Keinen Alkohol! Vorsicht mit Medikamenten!

Da der Embryo gleichsam in den „Schwingungen der Mutter" eingebettet ist, sollte sie bestrebt sein, besonders in diesem Zeitraum alle positiven Kräfte zu mobilisieren, alles Negative und Gesundheitsschädliche zu meiden und unvermeidbare Schwierigkeiten (auch Schicksalsschläge) mit Fassung zu tragen.

Die werdende Mutter sollte so früh wie möglich mit tiefenentspannenden Übungen („Schwangerschafts-Gymnastik") beginnen. Sie wird vielerorts Gelegenheit finden, unter Anleitung von fachkundigen Kräften sich auf eine natürliche Geburt vorzubereiten.

Die werdende Mutter und der künftige Vater werden bestrebt sein, im Zeitraum der Schwangerschaft einen Überfluß an „Leben-gebenden Kräften" zu erzeugen.

YOGA UND DIE „SCHMERZFREIE GEBURT“

Es ist das Verdienst des englischen Frauenarztes Dr. Dick-Read, der Fachwelt und allen interessierten Menschen aufs neue eine Wahrheit verkündet zu haben: Die „natürliche Geburt“ ist zwar mit Mühen, mit Anstrengungen verbunden, ist aber unter normalen Bedingungen weitgehend schmerzfrei.

Die Hauptursache der schmerzreichen Geburt ist die Angst. Sie löst einen „Teufelskreislauf“ aus.

Angst erzeugt Verengung, Verkrampfung; Verkrampfung Schmerz; Schmerz erhöhte Verkrampfung; erhöhte Verkrampfung wiederum erhöhten Schmerz . . .

Wie entrinnt man diesem Teufelskreislauf? Durch Freiwerden von Angst (dazu gehört auch sinnvolle Aufklärung), durch Üben der Tiefenentspannung.

Prof. L. Z. Freedmann von der Yale-Universität zum Tode von Dr. Read (geb. 1890, gest. 1959): „Der Stein, den die Bauleute zunächst verwarfen, ist zum Eckstein geworden . . . und kein Mensch hat wohl ein glücklicheres Vermächtnis hinterlassen.“

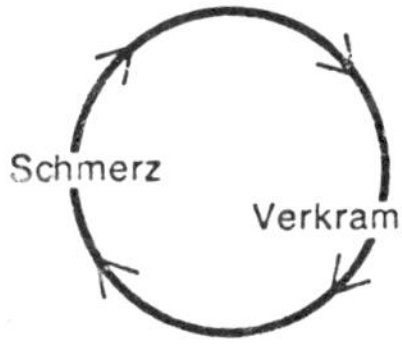

Teufelskreislauf

Die Vorbereitung auf die „natürliche Geburt“ sollte mit Schwangerschaftsbeginn anfangen und zwei Bereiche erfassen:

K ö r p e r l i c h :
Entspannung so lange üben, bis sie „in Fleisch und Blut“ übergegangen ist, bis sie „automatisch“ funktioniert.

S e e l i s c h :
Sich frei fühlen (von Angst), Freude am „Wunder des Lebens“, Selbstvertrauen, Gelassenheit (alles Unnatürliche loslassen!).

„Kinderkriegen muß man lernen, dann geht es leichter, schneller und schöner.“ (Dr. Rudolf Hellmann, Juli 1964)

YOGA UND DAS KLEINE KIND

Da der Verstand beim Kleinkind noch eingewickelt, noch nicht entwickelt ist, bildet sich der Charakter in erster Linie durch unmittelbares Erleben.

Es l e r n t nicht die Muttersprache, es e r l e b t die Muttersprache!

„Was Hänschen nicht lernt, lernt Hans nimmermehr!"

Das Kleinkind nimmt alle Regungen der Erwachsenen (Denken, Fühlen, Wollen, Tun) mit einer Art „sechsten Sinn" wahr. Eine ängstliche, unruhige Mutter wird ihre Angst und Unruhe mit Sicherheit auf ihr Kind übertragen. Das gilt auch für alle anderen Eigenschaften, für die positiven, wie für die negativen.
Wir können daraus entnehmen, wie groß die Verantwortung ist, die wir bei jedem Kontakt mit Kindern tragen.

Nach dem Gesetz „was ich erlebe, erzeuge ich", müßten alle Eltern und Erzieher ständig bemüht sein, besonders positive und wertvolle Eindrücke zu vermitteln.

Kaufe nur solche Spielsachen, die das Schöpferische im Kind wecken können! Am „perfekten Spielzeug" – das meist auch am teuersten ist! – hat das Kind nur kurze Freude. Wenn es nichts mehr gestalten, nichts mehr verbessern kann, wird es schöpferisch im Zerstören.

Wer es gestattet – die staatlichen Instanzen einbezogen! – daß schon kleine Kinder mit Kriminalgeschichten gefüttert werden, darf sich nicht wundern, daß die Saat der Kriminalität, der Dieberei, des Gangstertums, die der mangelnden Ehrfurcht vor dem Leben . . ., die täglich durch die Massenmedien ausgesät wird, im späteren Leben einmal aufgehen wird.

YOGA UND DAS WAISENKIND

„Und wer so ein Kind aufnimmt in meinem Namen, der nimmt mich auf. Wer aber einem dieser Kleinen, die an mich glauben, Ärgernis gibt, für den wäre es besser, man hängte ihm einen Mühlstein um den Hals und versenkte ihn in die Tiefe des Meeres ..."
(Mt. 18, 5 ff)

Es ist schwer zu verstehen, warum es bei uns „Christen" so viele Waisenkinder gibt. „Waisenkinder" sind nicht nur elternlose Kinder, sondern alle Kinder, die keine Geborgenheit mehr kennen, – „Schlüsselkinder", – Kinder, deren Eltern keine Zeit für sie haben, – Kinder, denen das Taschengeld die fehlende Elternliebe ersetzen muß, – die vielen verwahrlosten Kinder ...

Eine glückliche Kindheit ist eines der schönsten Geschenke, die Eltern zu vergeben haben.

Dabei gibt es so viele kinderlose Ehepaare, so viele nicht ausgelastete Frauen, die sich langweilen, die vor lauter Langeweile Schlafstörungen bekommen, die zu Drogen, Alkohol und Psychopharmaka greifen, anstatt sich eine Aufgabe zu suchen. Sie nennen sich „Christen", doch wo bleibt die christliche Nächstenliebe? Es ist eine der schwersten, aber auch schönsten Aufgaben, ein Kind großzuziehen. Wie herrlich jung bleibt man dabei!

YOGA UND DAS SCHULKIND

Es gehört zur Lebenskunst aller Eltern und Erzieher, den Schulkindern die Freude an allen Lernprozessen zu wecken und zu erhalten. Kinder lernen auf die Dauer nur dann bereitwillig, wenn ihnen der positive Sinn des Lernens einleuchtet. Sie akzeptieren auch höhere Anforderungen von Erziehern, wenn diese ihren Lehrstoff klar, sinn- und humorvoll vermitteln.

Viele nervöse und psychische Störungen bei Kindern könnten vermieden werden, wenn die Erzieher es verstünden, ein gesundes Maß an Selbstsicherheit und Selbstvertrauen zu wecken. Wer schon bei kleinem Versagen einem Schulkind sagt: „Setz dich! Das begreifst du nie ...!“, hat bereits den Grundstein für ein schwaches Fach gelegt.
Prüfungsangst, Konzentrationsmangel und Nervenschwäche könnten weitgehend gemildert oder verhindert werden, wenn die Kinder rechtzeitig mit der Macht positiven Denkens (Autosuggestion) vertraut gemacht würden.
Ebenfalls könnten die häufigen Haltungsschäden bei Schulkindern vermieden werden, wenn natürliches Empfinden und einfache Erkenntnisse des Yoga angewandt würden.

Funktionsgerechte Sitzgelegenheiten!

Schulranzen, statt Aktentaschen!

Nach jeder Stunde Fenster auf!

Streck- und Atemübungen!

Vergessen wir niemals:
Ein Kind ist keine Lernmaschine! Freizeit und gesundes Spiel sollten nie zu kurz kommen!

YOGA UND DIE TALENTE

Pablo Casals, im Alter von 93 Jahren: lt. „Observer Review“ vom 18. 9. 1970:

„Ich sehe kein besonderes Verdienst in der Tatsache, daß ich im Alter von elf Jahren ein Künstler war. Ich wurde mit einer Fähigkeit – mit Musik in mir – geboren. Das ist alles. Ich verdiene keine besondere Anerkennung. Die einzige Anerkennung, die wir in Anspruch nehmen können, ist die, was wir aus dem Talent, was uns gegeben wurde, machen. Das ist es, warum ich junge Musiker dränge: „Seid nicht eitel, weil Ihr das Glück gehabt habt, Talent zu haben. Ihr seid nicht verantwortlich dafür, Ihr tatet nichts dafür. Was Ihr aus Eurem Talent macht, darauf kommt es an. Ihr müßt diese Gabe pflegen. Vermindert oder verschwendet nicht, was Euch gegeben worden ist.
Natürlich wird diese Gabe am besten durch das Leben selbst gepflegt. Eines Menschen Werk sollte der Salut an das Leben sein! Manchmal schaue ich mit dem Gefühl des völligen Schreckens um mich. In der Verwirrung, die die Welt heute quält, sehe ich einen Mangel an Ehrerbietung vor den wirklichen Werten des Lebens. Schönheit ist überall um uns, aber wie viele sind blind für sie. Sie sehen auf die Wunder dieser Erde und scheinen nichts zu sehen. Jede Sekunde leben wir in einem neuen und einzigen Augenblick des Universums, einem Augenblick, der niemals vorher war und niemals wieder sein wird.

Und was lehren wir unseren Kindern? Wir lehren sie, daß 2 x 2 = 4 ist und daß Paris die Hauptstadt von Frankreich ist. Wann werden wir sie auch lehren, was sie sind?
Wir sollten zu jedem von ihnen sagen: „Weißt Du, was Du bist? Du bist ein Wunder! Du bist einmalig. In der ganzen Welt gibt es kein anderes Kind genauso wie Du. In den Millionen Jahren, die vergangen sind, hat es niemals ein Kind gegeben wie Dich."

„Und sieh Dir Deinen Körper an – was für ein Wunder er ist! Deine Beine, Deine Arme, Deine schlauen Finger, die Art, in der Du Dich bewegst!
Du kannst ein Shakespeare, ein Michelangelo, ein Beethoven werden! Du hast die Fähigkeit für alles. Ja, du bist ein Wunder!
Und wenn Du groß bist, kannst Du dann einem anderen, der wie Du ist, Leid zufügen, einem Wunder?
Ihr müßt einander pflegen!
Du mußt arbeiten – um diese Welt würdig ihrer Kinder zu machen."

YOGA UND DAS STUDIUM BZW. DIE BERUFSAUSBILDUNG

Wir leben im Zeitalter des Materialismus, im Zeitalter der Maschine.
Beherrscht nun der Mensch die Materie, die Maschine? Oder verhält es sich umgekehrt? Scheint nicht die Geld- und Besitzgier und die Maschine (Produktion um jeden Preis!) den Menschen zu beherrschen?

Studium und Berufsausbildung sollten nicht ausschließlich Fachwissen vermitteln! Im Namen „Universität" steckt die Bedeutung: „Auf Einheit gerichtet sein." Jede Berufsausbildung sollte universell sein, sollte die Werte des Lebens, der Gemeinschaft, des Einsseins mit der Tätigkeit, also die ideellen Werte der Arbeit und des Berufes wecken und fördern. Dann könnte aus Beruf Berufung werden.

„Vergebens, daß ihr ringsum wissenschaftlich schweift, ein jeder lernt nur, was er lernen kann; doch der den Augenblick ergreift, das ist der rechte Mann. (Goethe's Faust)

Möchten Sie sich von einem Arzt behandeln lassen, dessen medizinisches Studium in erster Linie im Hinblick auf Reichtum und Wohlstand erfolgte?
Freuen Sie sich über einen Handwerker oder Gastronomen, der wenig Wertarbeit bietet, aber hohe Rechnungen präsentiert?

Geld, Besitz, Wohlstand sollten nicht das Primäre, sondern eine natürliche, willkommene Begleiterscheinung des Berufes sein. Der Mensch wird krank an Leib und Seele, wenn die ideellen Werte des Lebens – des Berufes – verlorengehen.

YOGA UND MENSCHENFÜHRUNG

Führen heißt dienen!

Nur der schlechte Führer spielt sich als Herrscher, als Tyrann auf. Mag ein Tyrann noch so viel Kräfte mobilisieren, im Endeffekt bleiben die zerstörenden Kräfte Sieger.

Der gute Menschenführer, der kluge Manager, wird von anderen nicht mehr erwarten, als von sich selbst.

Er wird bedacht sein:

den richtigen Menschen an der richtigen Stelle einzusetzen, – in allem ein zielbewußter, umsichtiger Organisator zu sein, – jeden Mitarbeiter gerecht zu behandeln, – für ein gutes Betriebsklima zu sorgen, – die Freude an der Arbeit zu fördern, – vom Mitarbeiter nicht mehr zu verlangen, als dieser leisten kann, – für eine gerechte Entlohnung der geleisteten Arbeit zu sorgen.

Güte in den Worten erzeugt Vertrauen;
Güte im Denken erzeugt Tiefe;
Güte beim Verschenken erzeugt Liebe.
Lao-tse

Eine echte Führerpersönlichkeit strahlt Ruhe und Kraft, Umsicht und Harmonie aus. Sie handelt nach dem Grundsatz, daß Erfolge nur dann dauerhaft sein können, wenn Gesetze und Werte des Lebens nicht verletzt werden.

Immer mehr Menschen, die leitende Positionen bekleiden, beziehen Yoga und Autogenes Training in ihr Leben mit ein.

YOGA UND ERZIEHUNG

„Die Kraft muß zu einer Nation durch die Erziehung kommen."
(Vivekananda)

Nur der ist ein guter Erzieher, der in allem mit gutem Beispiel vorangeht.

Wer nur im Befehlston mit Kindern spricht, ist ein Tyrann und darf nicht erwarten, daß sich aus rechthaberischer Gewaltanwendung jemals zuvorkommende Höflichkeit entwickelt. Wer von Kindern das Wort „bitte" verlangt, selbst aber kein „bitte" über die Lippen bringt, gleicht einem Lügner, der sich ärgert, wenn andere die Unwahrheit sagen.
Wer eigene gute Charakterqualitäten ausstrahlt, wird von selbst in den Augen der Kinder zur Autorität. Noch mehr! Er weckt in ihnen die „Kraft des Selbst", die A u t o r i t ä t.

Antiautoritäre Erziehung wird zum Fluch, wenn man darunter Zügellosigkeit, Willkür, Mißachtung jeder Autorität versteht.

Antiautoritäre Erziehung wird zur idealen Form der Erziehung, wenn der Erzieher bei Verzicht auf Gewaltanwendung durch eigene Autorität die Werte des Lebens zu wecken versteht und damit das Wesen einer gesunden Autorität (Selbstbewußtsein) im anderen zum Keimen bringt.

Ein Pädagoge muß die Begabung haben, sich in seine Zuhörer hineinzuversetzen, d. h.: eine Einheit mit ihnen bilden zu können.

Ein Sender (Pädagoge) ist wertlos und nutzlos, wenn er in einem Wellenbereich (Bewußtseinsbereich) ausstrahlt, den der Empfänger nicht erfassen kann. Lehrer, die „die Gesetze der Pädagogik" nicht beherrschen, verlangen von den Schülern das Sicheinstellenkönnen, eine Fähigkeit, die eigentlich der Pädagoge besitzen sollte!

„Sag nie: „Ich muß!" – Du schmiedest eine Kette!
Nicht Sklave, freigeboren ist der Geist. Es ist sein Rat, der einen Weg dir weist. Erwarte nicht, daß dich ein Mensch errette.
Du selbst hast Macht, dein Wesen zu verwandeln,
Und deine Wandlung wandelt dein Geschick.
Dem Zwang entwachsend, schmiedest du dein Glück.
Das Königswort „Ich will!" bestimmt dein Handeln.
Sag nie: „Ich muß!" – Das ist ein Wort für Knechte.
Der Weise will und nimmt die Pflichten an.
Es dient sich selbst, wer andern dienen kann.
Sein Wollen wahrt ihm seine Königsrechte!"
(Ephides)

Ein guter Erzieher wird ständig an sich arbeiten, um als kraftvolle, positive Persönlichkeit seiner verantwortungsvollen Aufgabe gerecht werden zu können.

YOGA UND DER URLAUB

Was ist Hauptsinn und Zweck eines Urlaubes? E r h o l u n g.
„Sich erholen“ heißt: Körper und Seele zu harmonisieren und einen Energievorrat zu schaffen, der bis zum nächsten Urlaub ausreichen soll.

Bei der Betrachtung menschlicher Urlaubsgepflogenheiten könnte man oft mit Goethe sagen:
„Der Menschheit ganzer Jammer faßt mich an ...“ (Faust)

Übertreibungen bei Autofahrten, beim Sonnenbaden, Bergsteigen, Schwimmen, beim Essen und Trinken (dazu gehören auch zu kalte Speisen und Getränke), bei Vergnügungen jeder Art ..., sorgen dafür, daß der Sinn eines Urlaubs häufig in sein Gegenteil verkehrt wird.

Hier einige positive Anregungen: viel Ruhe (Meditation), – viel Entspannung, – viel Harmonie, – viel Freude, – viel Schönheit, – gesunde Betätigung, – positive Begegnungen, – frohe Menschen, – ein gutes Buch, – und einen Schlußstrich ziehen unter alles Negative der Vergangenheit, unter alle Sorgen um die Zukunft.

YOGA UND SPORTLICHE BETÄTIGUNG

Muskeln, die nicht gebraucht werden, verkümmern genauso, wie Talente, die nicht genutzt werden.
Besonders beim zivilisierten Menschen verkümmern durch einseitige Betätigung manche natürliche Anlagen.

Sport oder Gymnastik können körperlich und auch seelisch einen gesunden Ausgleich bieten; allerdings nur dann, wenn Übertreibungen vermieden werden.

Jede Form von Körpertraining (auch Tanz, Wandern, Bergsteigen) kostet Kraft. Hier bietet sich Yoga auf ideale Weise an, damit neue Kräfte mobilisiert, aufgespeichert und Lebens- und Widerstandskräfte gesteigert werden. Es ist deshalb kein Zufall, daß selbst Trainer von Leistungssportlern Yoga mehr und mehr in ihr Trainings- und Leistungsprogramm mit einbeziehen.

Yoga steht also in keiner Weise den sportlichen oder sonstigen körperlichen Betätigungsarten feindlich gegenüber. Im Gegenteil: Yoga kann sinnvoll zur Leistungs- und Erfolgssteigerung eingesetzt werden, und, was noch wichtiger ist: zum Schutz der Gesundheit und zur Vorbeugung gegen Übertreibungen.

Ganz besonders zwingt Schwimmen zur Atemregulierung und Tiefatmung, wie sie im Yoga als „Yogi-Atmung“ gelehrt wird.

YOGA UND DIE WÜNSCHE

Das letzte Glück liegt in der Wunschlosigkeit.

„Ich bat Gott um Kraft,
um etwas zu leisten.
Ich wurde schwach, auf daß ich
in Demut gehorchen lerne.

Ich bat Gott um Gesundheit,
um Größeres zu tun.
Ich erhielt Krankheit,
auf daß ich Besseres tue.

Ich bat um Reichtum,
um glücklich zu werden.
Ich erhielt Arbeit,
auf daß ich weise werde.

Ich bat um Macht,
um Menschenruhm zu ernten.
Ich erhielt Schwäche,
auf daß ich Gottes Hilfe suche.

Ich erbat alles,
um mich des Lebens zu erfreuen.
Ich erhielt das Leben,
um mich an allem zu erfreuen.

Ich bekam nichts von dem,
was ich erbat.
Und doch alles,
was ich erhofft hatte.

Fast gegen mein Wollen fand
unausgesprochenes Beten Erfüllung.
Unter allen Menschen
bin ich sehr reich gesegnet."

(Verse eines unbekannten Soldaten)

YOGA UND DIE LEIDENSCHAFTEN

Goethe über das Rauchen:

„Das Rauchen macht dumm, es macht unfähig zum Denken und Dichten. Es ist auch nur für Müßiggänger, für Menschen, die Langeweile haben. Die ein Drittel des Lebens verschlafen, ein Drittel mit Essen und Trinken und anderen notwendigen oder überflüssigen Dingen hindudeln, alsdann nicht wissen, ob sie immer „vita brevis" („das Leben ist kurz") sagen, was sie mit dem letzten Drittel anfangen sollen. Für solche faulen Türken ist der liebevolle Verkehr mit den Pfeifen und der behagliche Augenblick der Dampfwolke, die sie in die Luft blasen, eine geistvolle Unterhaltung, weil sie ihnen über die Stunden hinweghilft."

„Wenn es so fortgehen sollte, wie es den Anschein hat, so wird man nach zwei oder drei Menschenaltern schon sehen, was diese Schmauchlümmel aus Deutschland gemacht haben. An der Geistlosigkeit, Verkrüppelung und Armseligkeit unserer Literatur wird man es zuerst bemerken, und jene Gesellen werden diese Misere dennoch höchlich bewundern.
Und was kostet der Greuel! Schon jetzt gehen 25 Millionen Taler in Deutschland im Tabakrauch auf, die Summe kann auf 40, 50, 60 Millionen ansteigen. Und kein Hungriger wird gesättigt und kein Nackter bekleidet. Was könnte mit dem Gelde geschehen!"

„Aber es liegt auch im Rauchen eine arge Unhöflichkeit, eine impertinente Ungeselligkeit. Die Raucher verpesten die Luft weit und breit und ersticken jeden honetten Menschen, der nicht zu seiner Verteidigung zu rauchen vermag. Wer ist denn imstande, in das Zimmer eines Rauchers zu treten, ohne Übelkeit zu empfinden? Wer kann darin verweilen, ohne umzukommen."

(zitiert aus Kurt Salzer „13 Methoden, sich das Rauchen abzugewöhnen", Schuler Verlagsanstalt, Stuttgart)

Ich war selbst Raucher. Lange genug! Ich habe viele Jahre gebraucht, um stärker zu sein als die Zigarette.

Als Raucher glaubte ich: „Frohen Herzens genießen . . ."
Als Nichtraucher erkannte ich den Druckfehler in dieser Reklame. Es müßte heißen: „Rohen Herzens genießen!"

„Yoga üben" heißt auch:
L e i d e n s c h a f t e n zu ü b e r w i n d e n, frei zu werden von jeglicher Versklavung.

YOGA UND DAS GESETZ

Ein Gesetz, das gegen das göttliche Gesetz verstößt, verdient es, gebrochen zu werden!

„Jede Sünde und Lästerung wird dem Menschen vergeben werden; aber die Sünde wider den Geist wird nicht vergeben werden. Auch wer wider den Menschensohn etwas sagt, wird Verzeihung finden; wer aber wider den Heiligen Geist redet, wird keine Verzeihung finden, weder in dieser noch in der künftigen Welt. Entweder machet den Baum gut und seine Frucht gut, oder machet den Baum faul und seine Frucht faul; denn aus der Frucht wird der Baum erkannt ..." (Mt. 12, 31–33)

„... Für meine Mutter war des Menschen eigenes Gewissen das höchste Gesetz. Sie pflegte zu sagen: ‚Im Prinzip respektiere ich nicht das Gesetz.' Sie meinte, daß ein Gesetz einigen Verdienst und ein anderes keinen haben könne, und daß ein Mensch für sich zu entscheiden hätte, was richtig und was falsch wäre. Sie wußte, daß bestimmte Gesetze einigen Leuten dienen könnten und anderen schaden. Dieses Verstehen kam aus ihr selbst. Sie handelte stets nach Grundsätzen, nicht danach, was andere sagten, sondern nach dem, was sie als richtig empfand.

Als mein Bruder Enrique 19 Jahre alt war, wurde er zum Dienst in der Spanischen Armee eingezogen, wie es das Gesetz der

Zeit vorsah. Er kam zu meiner Mutter und die Szene ist mir im Gedächtnis geblieben. ‚Mein Sohn', sagte sie zu Enrique, ‚du mußt niemanden töten und niemand darf dich töten; du bist nicht geboren, um zu töten oder getötet zu werden. Geh' fort, verlaß das Land!' So floh Enrique aus Spanien. Er ging nach Argentinien. Meine Mutter fühlte eine besondere Zärtlichkeit für Enrique, der der Jüngste ihrer Kinder war; aber sie sah ihn 11 Jahre lang nicht wieder. Er kehrte heim, als es dort eine Amnestie für diejenigen gab, die das Dienstpflichtgesetz gebrochen hatten. Ich denke, wenn alle Mütter der Welt ihren Söhnen sagten: ‚Ihr seid nicht geboren, um Totschläger zu sein und im Krieg getötet zu werden, kämpft nicht!' – es würde keinen Krieg mehr geben. Als meine Mutter meinem Bruder Enrique sagte, er solle fortgehen, war es für sie nicht nur der Grund, das Leben ihres Sohnes zu retten. Es war der Grund, das zu tun, was richtig war ..."

(Pablo Casals im „Observer Review" vom 18. 9. 1970)

YOGA UND DAS ALTER

„Im Alter von 93 Jahren schaut der größte Cellist PABLO CASALS zurück auf seine Kindheit und schaut voller Glück vorwärts in die Zukunft – ‚jeden Tag bin ich neu geboren!'"

„An meinem letzten Geburtstag war ich 93 Jahre alt, das ist natürlich nicht jung. Aber Alter ist relativ. Wenn man weiterhin arbeitet (sich beschäftigt) und die Schönheit in der Welt um einen herum in sich aufnimmt, findet man, daß das Alter nicht unbedingt heißt, alt zu werden, wenigstens nicht im allgemeinen Sinne. Ich fühle viele Sachen intensiver, als ich sie je vorher gefühlt habe, und für mich wird das Leben faszinierender."

„... Der Mensch, der arbeitet und niemals gelangweilt ist, ist niemals alt. Arbeit und Interesse an Dingen, die sich lohnen, sind die beste Medizin gegen das Alter. Jeden Tag bin ich neu geboren. Jeden Tag muß ich neu anfangen ..."

„Observer Review" 18. 9. 1970

Es ist niemals zu spät, denn der Geist altert nicht.

Pablo Casals lebte als geistiger Mensch im Jetzt und überwand auf diese Weise die beiden Balken des Kreuzes: Zeit und Raum.

Wer das Kreuz überwindet, ist Sieger über den Tod.

DER TOD ALS DURCHGANGSPFORTE

„Wer irgend mir nachkommen will, verleugne sich selbst und nehme sein Kreuz auf und folge mir nach. Denn wer irgend sein Leben erretten will, wird es verlieren; wer aber irgend sein Leben um meinet- und des Evangeliums willen verliert, wird es erretten. Denn was wird es einem Menschen nützen, wenn er die ganze Welt gewönne, aber seine Seele einbüßte . . .?"
(Mk. 3, 34–36)

„Es ist ja die große Hoffnung, daß, wenn ich dort angekommen bin, wohin ich jetzt gehe, ich dort zur Genüge das erlangen werde, worauf alle unsere Bemühungen in dem vergangenen Leben gezielt haben."
(Sokrates im Phaidon)

Karl May, der Welt beliebtester Jugendbuchautor, beschreibt im Buch „Der Schatz im Silbersee" eine Unterhaltung des Häuptlings der Utah „Der große Wolf" mit seinem Gefangenen „Old Shatterhand":

„Euer Schicksal ist entschieden. Doch es wird ehrenvoll sein. Ihr seid tapfere und berühmte Männer und sollt den qualvollsten Tod erleiden, den wir euch bieten können. Ihr werdet ihn erdulden, ohne mit der Wimper zu zucken, und die Kunde davon wird durch alle Länder erklingen. Dadurch wird euer Ruhm noch glänzender, und ihr werdet in den Ewigen Jagdgründen zu großem Ansehen gelangen. Der Häuptling hofft, daß du erkennst, welche Rücksicht das von uns ist, und uns dafür dankbar bist . . ."

Für den bewußten Menschen ist der Tod eine Durchgangspforte von einem Leben zum anderen.

„VIVO" („Ich lebe")
(auf dem Grabstein Gustav Meyrink in Starnberg)

YOGA - ALS LEBENSHILFE BEI KRANKHEIT

„Wenn jemand Gesundheit sucht, frage erst, ob er bereit sei, künftighin die Ursachen der Krankheit zu meiden; erst dann darfst du ihm helfen.“

(Sokrates)

JEDE KRANKHEIT HAT SEELISCHE URSACHEN

Nach Max Planck ist das ganze Weltall ein elektromagnetisches Feld.

Seher aller Zeiten berichten, daß alle Lebensvorgänge von einem „subtileren Körper" gesteuert werden. Sie nannten ihn „Form" –, „Bilde" – oder „Äther-Körper".

Russischen Wissenschaftlern ist es gelungen, diesen „Steuerungsapparat" mit der Hochfrequenzfotografie bei Pflanzen, Tieren und Menschen nachzuweisen und optisch sichtbar zu machen. Sie nannten diese fotografierten Energiefelder belebter Materie den „Bioplasmakörper" („Kirlian-Effekt" siehe Buch „PSI" Scherz-Verlag).

Damit scheint die Aussage von Heraklit, daß „alles fließt" („panta rhei"), nämlich, daß LEBEN ein Fließen von Energie ist, wissenschaftlich bewiesen zu sein.
Das SELBST offenbart sich als Quelle des Lebens im Gleichklang von positiven und negativen Energieströmen. Der Mensch empfindet diesen Gleichklang als Gesundheit (ausführlich im Buch „Sport + Yoga").

**„Das Gegenmittel für alle Krankheit ist der Adel der Seele."
(Paracelsus)**

Positive Gedanken, Eindrücke, Stimmungen vermehren die körperlichen und seelischen Abwehrkräfte, steigern die Widerstandskräfte und verursachen Gleichgewicht im Energiehaushalt („harmonische Kraftfelder") und somit Gesundheit.

Negative Gedanken, Eindrücke, Stimmungen erzeugen das Gegenteil: Sie stören das

Gleichgewicht im „Lebensstrom“, vermindern die Abwehrkräfte, Krankheit ist die zwangsläufige Folge.

Interessant in diesem Zusammenhang sind Versuche, die am Memorial Research Center der Universität von Tennessee durchgeführt wurden:
Mäuse mußten Zeugen eines Films sein, in dem 45 Minuten lang andere Mäuse miteinander kämpften. Sie wurden dadurch so erregt, daß sie selbst aggressiv wurden; außerdem konnten chemische Veränderungen in ihrem Gehirn nachgewiesen werden.

Ein anderes Beispiel:
Bei Atemexperimenten konnte, nachdem man bei den Versuchspersonen Haßgefühle erzeugt hatte, bereits nach zwei Minuten das muskellähmende, von Indianern Südamerikas verwendete Pfeilgift Curare nachgewiesen werden.

Die wissenschaftlichen Beweise häufen sich, daß die Ursachen von Krankheiten im seelischen Bereich zu suchen sind. Echte Heilung kann daher nur erreicht werden, wenn nicht nur die Krankheit, sondern auch der Kranke behandelt wird.

„Die Krankheiten befallen uns nicht aus heiterem Himmel, sondern entwickeln sich aus täglichen kleinen Sünden wider die Natur. Wenn diese sich gehäuft haben, brechen sie scheinbar auf einmal hervor.“

(Hippokrates)

ANGST – FURCHT – DEPRESSION

Angst, Furcht und Depression gehören zu den Hauptgeiseln des heutigen Menschen. Dies umso mehr, als eine echte Heilung kaum durch medikamentöse Behandlung (worauf sich die meisten ausschließlich verlassen!), sondern vielmehr durch innere Umstellung zu erreichen ist.
Gelingt es, die Ursachen von Krankheiten zu erkennen und zu beseitigen, so erfolgt die Heilung von selbst. Angst und Furcht können falschen Erziehungsmethoden, innerer Haltlosigkeit, religiöser Entwurzelung oder mangelndem Selbstvertrauen entspringen.

„Es gibt Schmerzen, wo der Mensch sich selbst nur helfen kann; ein starkes Herz will sich auf seine Stärke nur verlassen.“
(Friedrich Schiller)

Das Wesen der Depression erklärt sich durch die Übersetzung dieses lateinischen Wortes „Niedergedrückt sein“. Keine Wirkung ohne Ursache! Das Niedergedrücktsein ergibt sich aus niederdrückenden Gedanken, Erlebnissen. Ist die Summe des Negativen größer als die Summe des Positiven, verliert der Mensch das Gleichgewicht.

Die Heilung liegt im ständigen Bemühen positive Gedanken zu erzeugen, sich den echten Werten des Lebens zu öffnen: der Schönheit, der Freude, der Harmonie, der Freundschaft, der Ruhe.

Die Tür zum Glück geht nach innen auf, je mehr man nach außen drückt, umso fester wird sie verschlossen.

Lerne dich selbst und andere zu verstehen und du entwaffnest deine erbittertsten Feinde! Dazu gehören auch: Angst, Furcht und Depression.

DER ARZT KURIERT – DIE NATUR HEILT
(medicus curat – natura sanat)

Ein Kranker, der die eigenen Kräfte nicht weckt und alle Hilfe nur im Medikamentenkonsum sucht, gleicht einem Christen, der Gott „draußen" oder „droben" zu finden hofft.
Beide bleiben Patienten!
(Patient: lat. pati = leiden)

Dieses zwei Jahrtausend alte Sprichwort sollte mehr denn je den Menschen bewußt gemacht werden.
Allzusehr verläßt man sich heutzutage auf die alleinige Hilfe von außen her, anstatt im gleichen Maße die Natur von innen her zu mobilisieren.

Für jeden vernünftigen Menschen ist es eine Selbstverständlichkeit, bei einer Erkrankung rechtzeitig den Rat eines guten Arztes oder Heilpraktikers einzuholen. Ein gutsorgender Mediziner ist der, der Zeit hat, um eine richtige Diagnose zu stellen, der notwendige Anordnungen gibt und alles Überflüssige meidet, der im Patienten Mut, Zuversicht, Selbstvertrauen und Hoffnung auf baldige Genesung zu wecken versteht.

Für den Yoga-Übenden müßte es selbstverständlich sein, die Bemühungen der Ärzte und Medikamente durch Aktivierung aller Kräfte von innen her zu unterstützen:

„Hilf dir selbst, dann hilft dir Gott!"

Glaube an die Gesundheit, Vertrauen in den Arzt, Ruhe und Entspannung, Atemübungen (Pranajama), Meditation und Bewußtseinslenkung (= „Bestrahlung von innen her"),
positive Gedanken und Worte .

VORBEUGEN IST BESSER ALS HEILEN!

Vorbeugen heißt: einen Vorrat an Leben gebenden Kräften zu sammeln.
Wie in einer Batterie, so können auch im Körper und in der Seele große Mengen an Energien gespeichert werden („Prana-Speicherung"). Die „Prana-Speicherung" ist in „Sport + Yoga" so eingehend und klar erklärt, daß ich auf weitere Erläuterungen verzichten kann. Ich verweise besonders auf die Kapitel:

IV. Der größte Fehler: Wir können nicht atmen!
V. Was ist „Prana"?
VI. Vollkommene Atmung
X. Aufbaukraft des Selbstbewußtseins
XI. Die Heilkraft der Ur-Asanas
XII. Pranayama und Asanas – Das Geheimnis des langen Lebens.

„Prana ist die alldurchdringende subtile Lebenssubstanz."
(C. F. von Weizsäcker)

Für die Vorbeugung gilt in gleichem Maße wie für die Heilung:
Wo das ICH ist, ist das LEBEN.

„Das, was Du heute denkst, wirst Du morgen sein."
(Buddha)

Das ICH kann durch die Bewußtseinslenkung wie ein Scheinwerfer überall – auf Bereiche des Körpers und der Seele – hingelenkt werden. Es sammelt sich umso mehr Prana, je stärker die Konzentration und je größer die innere Ruhe ist.

„Das Selbst wird nicht von Schwachen erreicht. Wenn im Körper und in der Seele keine Kraft ist, kann man das Selbst nicht verwirklichen." (Vivekananda)

ALLGEMEINE RATSCHLÄGE BEI KRANKHEIT

1. Ruhe.
   Aus der Ruhe entspringen die höchsten schöpferischen Kräfte. Ausgiebig schlafen!
   Meditation.

2. Entspannung.
   Siehe Kapitel „Tiefenentspannung" und „Schöpferische Pause".

3. Atemübungen.
   Siehe Kapitel „Ein langer Atem", „Atemreinigung – Blutreinigung", „Atemübungen".

4. Positive Gedanken.
   Das wahre Ich ist niemals krank! Krank oder schwach sein kann nur der materielle, vergängliche Bereich. Aus meinem Selbst kommt alle Kraft, um mit der Krankheit fertig zu werden.

„Tausend Menschen sterben an Überernährung bis einmal einer verhungert." (Seneca, 4 vor bis 65 n. Chr.)

5. Richtige Nahrung.
   Bekömmliche, leicht verdauliche Speisen. Oft wirkt Fasten Wunder!

6. Ärztliche Vorschriften beachten!

7. Selbst mithelfen!
   Prana-Lenkung durch Bewußtseinslenkung. Wo Bewußtsein ... dort Prana ... dort Leben.

GLAUBE AN DIE KRAFT

Krankheiten sind Gesundungsprozesse. Alles, was das Schicksal bringt, hat einen tiefen Sinn. Nichts in der Schöpfung ist sinnlos. Selbst die bittersten Schicksalsschläge haben nur den einen Sinn:
W a c h a u f ! Komme deinem Ziel ein Stück näher!

„Gott ist dem Geschöpf inniger inne, als das Geschöpf sich selbst."

Auch wenn sich dem Verstand keine Lösung anbietet:
G i b n i e m a l s a u f !

Die Faustschläge der Schöpfung tun zwar weh, aber die Not, die daraus entsteht, wird zur Notwendigkeit: auf daß die Not sich wende.

Wenn es stürmt im Leben, verhalten wir uns wie die meisten Seeleute und denken: Das ganze Meer sei stürmisch, aufgewühlt und voller Unruhe.

Im letzten Weltkrieg machte ich die Erfahrung, daß selbst bei starkem Sturm schon in 50 bis 80 Meter Wasserstiefe Ruhe herrscht.
Seit langen Jahren versuche ich, diese Erfahrung auf die Stürme des Lebens zu übertragen.
Und ich lerne und lehre weiterhin, ein S e h - m a n n zu werden, der nicht nur auf die Oberfläche schaut, sondern in die Tiefe taucht, wo Gleichgewicht und damit Ruhe einkehrt.

„Gar unausmeßlich ist der Höchste, wie wir wissen — und dennoch kann ihn ganz ein menschlich Herz umschließen."
(Angelus Silesius)

SPORT + YOGA

Im folgenden möchte ich in einem Stichwortverzeichnis für spezielle Krankheiten auf das Buch
„Sport + Yoga"
von Selvarajan Yesudian und Elisabeth Haich hinweisen.

Dieses Buch (Gesamtauflage über 1,2 Millionen Exemplare in 16 Sprachen) verbindet westliches medizinisches Fachwissen mit Yoga und der alten medizinischen Kunst des Ostens.

Ich empfehle dieses Buch und die anderen Werke dieser Verfasser deswegen mit solcher Nachdrücklichkeit, weil ich mich in Theorie und Praxis immer wieder von ihrem großartigen, fundierten Fachwissen und ihren beispiellosen Erfolgen überzeugen konnte.

„Sport + Yoga" zeigt auf, daß HATHA-YOGA allen Menschen zugänglich sein kann. Alte und kranke Menschen, ja selbst Gelähmte, werden noch eine solche Fülle von Anregungen daraus entnehmen können, daß ihr Leben wesentlich verändert und sinnvoller gestaltet werden kann.

STICHWORTVERZEICHNIS ZUM BUCH „SPORT + YOGA"

(Die angegebene Seitenzahl differiert bei älteren Auflagen nur geringfügig)

Darüber hinaus sind im Fortsetzungsbuch von „Sport + Yoga“, „Hatha-Yoga-Übungsbuch“ – vom selben Verfasser 57 zusätzliche Übungen mit ihrer Auswirkung auf die körperliche und seelische Gesundheit erläutert.

EMPFEHLENSWERTE BÜCHER

„Sport + Yoga“, Yesudian-Haich, Drei-Eichen-Verlag, München
„Hatha-Yoga-Übungsbuch“ (Fortsetzung von „Sport + Yoga“), Yesudian, Drei-Eichen-Verlag, München + Engelberg/Schweiz
„Raja-Yoga“, Yesudian-Haich, Drei-Eichen-Verlag, München
„Der Tag mit Yoga“, Elisabeth Haich, Drei-Eichen-Verlag, München
„Einweihung“, Elisabeth Haich, Drei-Eichen-Verlag, München
Sexuelle Kraft und Yoga, Elisabeth Haich, Drei-Eichen-Verlag, München
„Tarot“, Elisabeth Haich, Drei-Eichen-Verla g, München
„Selbsterziehung durch Yoga“, S. Yesudian, Drei-Eichen-Verlag, München + Engelberg/Schweiz
„Indische Fabeln“, S. Yesudian, Drei-Eichen-Verlag, München
„Inana Yoga“ (2 Bände), Vivekananda, Verlag Hermann Bauer K. G., 78 Freiburg
„Karma- und Bhakti-Yoga“, Vivekananda, Verlag Hermann Bauer K. G., 78 Freiburg
„Raja-Yoga“, Vivekananda, Verlag Hermann Bauer K. G., 78 Freiburg
„Das grüne Gesicht“, Gustav Meyrink, Verlag Hermann Bauer K. G., 78 Freiburg
„Der Engel vom westlichen Fenster“, Gustav Meyrink, Heinrich Schwab-Verlag, 7860 Schopfheim
„Die Bhagavad Gita“ (in Gedichtform), Dr. Franz Hartmann, Verlag Andreas Zettner KG Würzburg, 8702 Veitshöchheim
„Die Möwe Jonathan“, Richard Bach, Verlag Ullstein GmbH., Berlin
„Das abendländische Totenbuch“ – Band I „Und der Tod wird nicht mehr sein“ + Band II „Wir leben nicht nur einmal“, von K. O. Schmidt, Drei-Eichen-Verlag, CH-6390 Engelberg + D-8000 München 60
„Der schlafende Prophet“, Jess Stearn, Ramon S. Keller-Verlag, Genf
„Erregende Zeugnisse über Karma und Wiedergeburt“, Dr. Gina Cerminara, Verlag Hermann Bauer K. G., 78 Freiburg
„Leben aus dem Geiste“, Dr. Taniguchi, Verlag Hermann Bauer K. G., 78 Freiburg
„Das Ringen um Sinn“ (Eine Einführung in die Logotherapie), Joseph B. Fabry, Herderbücherei Nr. 657 (Dieses Buch empfehle ich jedem Menschen, der nach dem Sinn des Lebens sucht.)

Was beim Umfang der Thematik in diesem Buch nur angedeutet werden kann, lehrt der Verfasser in Theorie und Praxis in seinem

Zentrum für Tiefenentspannung

im Kur- und Erholungsort

8201 Bad Feilnbach am Wendelstein

„Heimgarten", Gartenstraße 8.

Ziel aller Bemühung:

ERKENNE DICH SELBST

ERLEBE DICH SELBST

VERWIRKLICHE DICH SELBST

Prospekte über das

„Zentrum für Tiefenentspannung"

sind über die Privatanschrift des Verfassers erhältlich:

Franz Krabichler

8201 Krabichl/Obb.

Post Großkarolinenfeld – Telefon 08061-4213